KB048104

나는
유튜브로
영어를
배웠다

영어 에듀테이너 날라리데이브가 알려주는 영어 공부법

나는 유튜브로 영어를 배웠다

김영기(날라리데이브) 지음

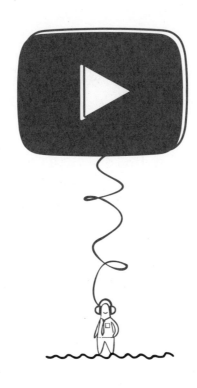

라곰

영어, 공부하지 마세요

몇 년 전, 평소처럼 유튜브로 이것저것 영상을 보다가 뮤직비디오 한 편을 보게 됐습니다. 처음에는 흔해빠진 B급 콘셉트의 뮤직비디오라고 생각해 별 기대 없이 영상을 보기 시작했는데, 시작과 동시에 비트와 랩이 귀에 딱 꽂히더군요. 놀라웠던 건 뮤지션이 아시아계 사람이었다는 것이었어요. 미국 래퍼들이 주도하는 힙합세계에서 아시아계 뮤지션은 좀처럼 눈에 띄기 힘들었거든요.

앳된 소년의 티도 아직 벗지 못한 10대 아시아계 래퍼는 바로 인도네시아 출신의 리치 브라이언(Rich Brian)이었어요. '리치 치가(Rich Chigga)'라는 가명으로 데뷔한 그의 데뷔곡 'Dat $tick'은 유튜브에서만 무려 9600만 조회수를 기록했습니다. 디자이너(Desiigner), 21새비지(21 Savage) 등 미국의 유명 래퍼들이 그의 뮤직비디오에 리액션하는 영상까지 잇따라 등장하며 그야말로 하루아침에 유명인사가 되었죠.

"천재 뮤지션이 등장했다"며 모두가 그를 주목하고 있을 때 충격적인 사실 하나가 밝혀집니다. 바로 리치 브라이언이 데뷔하기 전에는 한번도 미국에 가본 적이 없는 100퍼센트 토종 아시아인이라는 점이었어요. 그의 음악을 들은 사람들이라면 저를 포함해서 모두 그를 아시아계 미국 교포라고 생각했을 거예요. 이유는 그만큼 그의 영어 실력은 원어민이 봐도 어디 하나 흠 잡을 데 없이 완벽한 영어를 하고 있었거든요.

더 놀라운 사실은 리치 브라이언이 초등학교도 제대로 졸업하지 못하고 오로지 유튜브 하나로 영어를 독학했다는 것이었어요. 그는 4년여에 걸쳐 유튜브를 통해 표현, 발음, 억양, 쓰기(가사)까지 완벽한 영어 실력을 갖췄습니다. 리치 브라이언과 인터뷰를 했던 진행자는 이런 말까지 했죠. "유튜브로 독학했는데 어떻게 미국에서 태어나고 자란 나보다 영어를 더 잘할 수가 있어?"

유튜브로 공부해 영어를 잘 하게 된 사례는 리치 브라이언뿐 아니라 우리 주변에도 많습니다. 유튜버 WORDGASM(워드가즘) 님은 사진을 더 깊이 공부하기 위해 유튜브를 보다 영어 콘텐츠를 접하기 시작하며 원어민 수준의 영어 실력을 쌓게 되었습니다. 또 영국 사람보

영어, 공부하지 마세요

다 더 영국인스럽게 사투리를 구사해 영국 사람들에게 영어를 가르치는 KoreanBilly(코리언빌리)님 역시 영상 콘텐츠로 영어를 공부했습니다. 구체적인 방법은 조금씩 다르지만 모두 유튜브라는 공통점이 있었습니다.

저는 대치동에서 영어 과외를 시작해 지금의 유튜버가 되기까지 10여 년간 다양한 방식으로 '영어'라는 지식을 사람들에게 전달해 왔습니다. 그 와중에 제가 줄곧 가졌던 가장 큰 신념은 '즐기면서 하는 영어 공부야 말로 최상의 효과를 이끌어 낼 수 있다'는 것이었어요. 수년 간 학생들을 가르치면서, 그리고 유튜버가 된 뒤에 수많은 영어 실력자들을 직접 만나면서 이러한 신념은 더더욱 확고해졌습니다. 언어에 대한 감각이 아무리 뛰어난 학생도, 숙제를 하루도 빼먹지 않은 성실한 학생들도 결국 영어를 즐기면서 배운 사람의 실력을 뛰어넘지는 못했습니다.

유튜브는 영어를 배우기 위한 최고의 플랫폼입니다. 일단 유튜브는 재미있어요. 재미있으니까 자꾸 보게 되고, 그 사이에 영어는 자연스럽게 내 안에 스며들게 됩니다. 영어 공부의 성패를 좌우하는 것은 꾸준함과 성실함인데 유튜브는 바로 그 두 가지를 가능하도록 완벽하게 도와줍니다.

많은 분들이 제게 질문합니다. "어떻게 하면 영어를 잘 하게 되나요?" 그럴 때마다 전 주저 없이 대답합니다. "유튜브로 놀면 됩니다!"
영어를 '목표'로 삼으면 그 때부터 부담이 됩니다. 영어를 '해야 하는
일'이 아니라 '재미있는 일'로 만드는 것이 중요합니다. 저는 이 책을
통해 바로 영어를 즐기는 법, 그러면서도 효과적으로 영어 실력을 향
상시킬 수 있는 법을 알려드리려고 합니다.

유튜브를 통해 만난 수많은 사람들과 이야기들을 통해 삶의 영감
도 얻고 에너지도 얻어왔습니다. 이제는 저도 누군가에게 좋은 방향
으로 영향을 끼칠 수 있는 사람이 되었으면 좋겠습니다. 이 책이 그
시작이 될 수 있기를 바랍니다.

2019년 6월

김영기(날라리데이브)

영어, 공부하지 마세요

C o n t e n t s

▶ **Chapter 1** ●━━━━━━━━━━━━━━━━━━━━━━━━━

우리가 여전히 영어를 못하는 이유

: 영어는 공부하는 것이 아니다

▶ **Chapter 2**

영어회화를 위한 최고의 플랫폼

: 유튜브 영어가 유용한 이유

▶ **Chapter 3**

유튜브 영어 4단계 플랜

: 유튜브 채널을 활용한 단계별 영어 공부법

▶ **Chapter 4**

절대 진리 영어 공부법
: 영어 공부의 가성비를 높여라

▶ **Chapter 5**

나는 이렇게 공부했다
: 유튜브 공부의 신들이 말하는 영어 공부법

Chapter 1

우리가 여전히 영어를 못하는 이유

영어는 공부하는 것이 아니다

선생님,
그 자리에 어떤 전치사가 들어가요?

저는 유튜브에서 '날라리데이브' 채널을 운영하는 크리에이터입니다. 유튜브 채널을 통해 다양한 영어 표현과 영어권 문화, 그리고 브이로그를 통해 자유롭게 제 일상을 공유하고 있죠. 유튜브에서 제가 한국말과 영어를 섞어서 사용하다 보니 채널을 구독하시는 분들 중에는 저를 교포라고 생각하시는 분이 많습니다. 영어를 가르쳐주는 미국 태생 청년. 겉모습은 한국인이지만 영어를 모국어처럼 배웠고, 그래서 한국말보다 영어가 훨씬 편할 거라고 여기시는 분들이 많죠.

저는 아버지께서 박사 과정을 밟기 위해 미국 동부 미시간주에 계시는 동안 태어났어요. 하지만 제가 태어난 지 얼마 지나지 않아 아버지께서 박사 학위를 따셨고, 한국으로 다시 들어오게 됐어요. 그때가 돌도 채 되기 전이었어요. 그러니까 미국에서 1년도 지내지 못하고 한국에 들어온 거죠. 그렇게 초등학교 6학년 때까지 한국에서 살다가 열세 살 무렵 다시 미국으로 건너갔습니다. 저의 본격적인 미국 생활은 그때부터였어요. 그 뒤로 스무 살까지 미국에서 학창 시절을 보내고 한국으로 다시 돌아왔습니다.

저의 모국어는 한국어입니다. 당연히 보통의 한국인들처럼 한국말로 옹알이를 시작했고, 부모님과의 대화도 유치원 생활도 한국어로 했습니다. 영어는 외국어였어요. 저 역시 대부분의 한국인처럼 후천적으로 공부한 언어였죠.

초등학교에 다닐 때는 저도 친구들과 똑같이 영어 학원에 다녔습니다. 그때 다닌 동네 보습학원이 지금도 남아 있는데, 한 군데는 학교처럼 문법과 단어 위주로 가르치는 학원이었고, 한 군데는 비슷하긴 하지만 원어민 선생님이 계셔서 보다 자유롭게 영어를 공부할 수 있는 곳이었어요.

처음에는 문법과 단어 위주로 공부하는 학원에 다녔어요. 그런데 너무 지루하고 가기 싫은 거예요. 재미없었거든요. 그렇게 가기 싫다고 투정을 부리고 어머님께 야단을 몇 번 듣다가 학원을 바꿨습니다. 원어민 선생님이 있는 곳으로요. 그때부터는 영어가 즐거웠어요. 원어민 선생님은 즐겁게 놀아줬거든요. 그때도 새로운 사람을 만나고 어울리는 게 좋았던 거죠. 영어가 재미있는데다 원어민 선생님께 '영어를 잘한다'는 칭찬을 받는 것이 좋아서 늘 즐겁게 공부했어요. 영어에 대한 자신감도 그때 생겼지요.

그런데 그렇게 자신만만하던 제가 크게 좌절한 시기가 있었습니다. 바로 열세 살 무렵 미국에 다시 갔을 때예요. 미국인들의 말을 한마디도 알아들을 수가 없었거든요. 영어 학원에서는 늘 발음이 좋다고 A를 받았는데, 실제 현지인들이 쓰는 말은 아예 다른 언어 같았죠. 어쩔 수 없이 영어를 처음부터 다시 공부해야 했어요. 사실 저의 '진짜 영어 공부'는 그때부터 시작이었던 셈입니다.

저는 스무 살 때 미국에서 한국으로 돌아왔습니다. 그리고 그때부터 대치동에서 영어를 가르쳤어요. 학생들은 이런 질문을 많이 했지요. "그 자리에는 어떤 전치사가 들어가요?" 그러면 저는 속으로 무척 당황했습니다. 한국의 문법 교육 방식으로 어떻게 설명해야 할지 난감했거든요. 어릴 때 문법을 배우긴 했지만, 미국 생활을 하면서 한국식 문법은 제 머릿속에서 지워졌습니다. 그야말로 영어로 영어를 배우다가 다시 명사, 동사, 형용사 등의 단어를 보니 너무 생소하고 어렵더라고요.

예를 들면 이런 거예요. '나 집에서 밥 먹었어'를 영어로 말하라고 하면 너무나 자연스럽게 'I ate at home.'이라는 말이 나와요. 그런데

우리가 여전히 영어를 못하는 이유

미국인들은 아무도 at을 전치사로 생각하지 않아요. 저도 마찬가지였죠. 그냥 '집에서'니까 'at home'을 떠올리죠.

물론 저 역시 미국에서 문법을 공부했어요. 문장은 어떻게 만들어지는지, 시제는 어떻게 쓰는지 등 최소한의 문법은 알아야 하니까요. 하지만 모든 문법은 의사소통에 도움을 받기 위해 공부할 뿐, 그 자체가 목표가 되는 것은 아닙니다. 그래서 저는 후치수식이니 분사니 하는 것들을 먼저 배우고 말을 하진 않았어요.

우리가 어떻게 한국말을 배우는지 생각해보면 쉽게 알 수 있을 거예요. 어린아이가 말을 배울 때는 문법에 맞춰서 말을 하지 않잖아요. 어휘나 어순이 틀려도 내뱉고, 틀린 것은 바로잡아가면서 말을 배우죠. 어른이 되어서도 마찬가지예요. 크게 문법을 의식하며 말을 하지는 않아요. 물론 '한국어능력시험'을 치른다거나, 단어와 표현을 책임감 있게 써야 하는 일부 특수한 직업을 가진 사람들이라면 정확한 어휘나 문법이 필요합니다. 하지만 이런 경우를 제외하고는 우리가 일상에서 의사소통을 하면서 문법을 의식하는 경우는 거의 없어요. 상대방이 말할 때 '복수'를 썼느냐 '단수'를 썼느냐에 주목하지는 않는다는 거예요.

대부분의 사람들이 '영어를 잘하고 싶다'고 말합니다. 그리고 그들과 대화를 나누다 보면 그 이면에는 문법적으로 완벽한 영어를 배우고 싶은 것이 아니라 '현지인과 거리낌 없이 대화를 나누고 싶다'는 바람이 있습니다. 전 영어 공부의 초점이 바로 여기 있다고 생각합니다.

오늘도 많은 사람들이 '영어'라는 하나의 목표를 향해 달려갑니다. 누군가는 '일'을 위해, 누군가는 얼마 뒤에 떠날 이민 또는 유학을 위해 공부합니다. 누군가는 여행지에서 외국인과 자유롭게 소통하고 싶어서 영어를 공부하기도 합니다. 제가 아는 누군가는 '영어를 잘하면 왠지 멋있어 보여서' 영어를 공부한다고 하더군요. 모두 훌륭한 목표입니다.

이렇게 목표가 좋고 뚜렷한데, 왜 대부분의 사람들이 늘 주저앉고 앞으로 나아가지 못하는 걸까요. 단순히 게을러서? 또는 의욕이 부족해서? 어느 정도는 일리 있는 말이지만, 저는 더 큰 이유가 있다고 생각합니다. 바로 영어도 우리말처럼 외국인들이 늘 사용하는 '평범한 말'이라는 사실을 놓치는 것입니다. 일상에서 어떤 상황에 부딪치거나 누군가를 만났을 때 즉흥적으로 튀어나오는 반응이 바로 '말'입니다. 아무리 좋은 표현을 100개, 1000개씩 달달 외우더라도 그게 내 입에서 자연스럽게 나오지 않는다면 그야말로 지식에 머물 뿐이에요.

어설프게 단어 몇 개를 이어서 만든 문장이라 하더라도 내가 하고 싶은 말은 내가 직접 생각하고 뱉을 수 있어야 합니다. 그리고 그것이 영어 공부의 최종적인 목표가 되어야 합니다. 화려한 표현들은 내가 하고 싶은 말을 내뱉을 수 있을 때 비로소 빛을 내지요. 영어도 그저 말일 뿐이라는 것, 영어를 대하는 가장 기본적인 자세입니다.

대치동 강사가
유튜브 크리에이터가 된 이유

'날라리데이브'라는 유튜버가 되기 전에 저는 '대치동의 유명 과외 선생님'이었어요. 밝은 에너지 덕분인지 학생들이 저를 많이 따랐고, 그렇게 즐겁게 공부하다 보니 결과도 나쁘지 않았죠. 그렇게 대치동을 중심으로 빠르게 입소문을 타면서 저의 하루는 수업으로 빡빡하게 짜였습니다. 바쁜 날엔 오전 10시부터 자정까지 과외 일정으로 빼곡할 정도였지요.

처음에는 ACT와 SAT 위주로 가르쳤어요(ACT는 미국의 학업 성취도 검사, SAT는 미국 수학 능력 시험입니다. 미국의 주요 대학에 입학하려면 두 가지 시험 모두 필요하죠). 아무래도 입시와 관련된 수업은 수요가 많다 보니 과외 요청이 많았어요. 그렇게 처음에는 중·고등학생 위주로 가르쳤고, 시간이 흐르면서 어린이부터 성인까지 전 연령대의 학생들을 가르치게 되었죠.

ACT와 SAT를 가르치는 일은 수입이 나쁘지 않았습니다. 꾸준한 수요가 있는데다 대학을 보낸 학생들의 수가 늘어날수록 수업 요청도 많이 들어왔죠. 계속 이렇게 수업을 한다면 강사 이력으로도 괜찮겠다는 생각이 들었습니다.

강사 시장에서는 자신이 가르친 학생 중 몇 명이 유명한 대학에 진학했는가가 강사의 역량을 평가하는 중요한 기준으로 작용합니다. 수강생 중 몇 명이 아이비리그 대학에 진학했는지, 또 학생들이 SAT 점수를 얼마나 받았는지가 곧 강사의 점수가 되는 거예요. 어떤 학생이 1600점 만점인 SAT 시험에서 최고점을 기록한다면 그게 곧 강사의 명함이 되었습니다. 합격자 수, SAT 점수, 아이비리그에 진학한 학생 수…. 이 모든 수치들은 자연스럽게 강사의 몸값과 연결됩니다. 자신이 가르친 학생의 절반 이상이 목표했던 대학에 갔다고 하면 일단 좋은 강사로 분류됩니다.

그런 기준으로 보면 저는 다행히 '좋은 강사'에 속했어요. 그런데 이상하게 즐겁지 않았습니다. 맡은 학생의 절반 이상이 목표한 대학에 들어갔는데도 말이죠. 무엇보다 학생들이 목표를 이룬 것이 단순히 제 수업 덕분이라는 생각이 들지 않았습니다. 많은 강사들이 종종 이렇게 생각해요. 학생이 잘되면 '내가 잘 가르쳤기 때문'이고, 진학에 실패하면 '학생의 의지가 부족해서'라고요. 저는 아니었습니다. 잘된 아이는 머리가 좋고 스스로 노력한 덕분이고, 목표를 달성하지 못한 아이는 제가 제대로 도와주지 못한 탓이라는 생각에 죄책감이 들었어요. 그러다 보니 제 성과를 자랑스러워하고 뿌듯해하는 날보다 스스로 자책하는 날이 많아졌고, 괴로운 날들이 이어졌습니다. 애써 대학에 들어가도 결국 휴학을 하고 행복해하지 않는 학생들도 있었어요. 그런 결과를 위해 제가 노력하고 억지로 학생들을 가르친 것이 아닌데, 갈수록 마음이 복잡해졌죠. 학생들이 즐겁게 공부하고 하루하루 배우는 즐거움을 느끼면 좋겠다고 생각했어요. 돈까지 받고 하는 일인데 나쁜 영향을 끼치고 싶지 않았거든요.

특히나 나의 몸값을 위해 공부하고 싶어하지 않는 아이들을 푸시하고 억지로 하게 하는 것이 괴로웠어요. 시간이 지날수록, 경력이 쌓일수록 대치동과 멀어지고 싶다는 마음이 커져갔습니다.

결국 저는 '성적'과 무관한 진짜 영어, 외국인과의 소통에 필요한 영어를 가르쳐야겠다고 생각하게 됐습니다. 자연스럽게 입시 관련 과외는 줄이고, 6~8세 아이들을 대상으로 하는 영어 과외 수업을 열정적으로 시작했습니다.

말이 과외지, 사실 아이들과 노는 것이었어요. 놀면서 자연스럽게 영어에 익숙해지게 하는 것이 제 역할이었어요. 본격적인 성적 경쟁에 돌입하기 전인 아이들이 영어의 즐거움을 마음껏 느끼게 해주고 싶었습니다. 그때 아이들을 가르치는 일은 정말 즐거웠어요. 아이들을 워낙 좋아하는데다 제가 생각하는 영어 공부 방식과 맞아떨어졌거든요. 전 아이들과 아주 열심히 놀았습니다. 물론 영어로요! 그래서 아이들은 수업이 끝난 후에도 제게 가지 말라고 매달리고, 수업을 일주일 쉬게 되면 전화를 해서 언제 오냐며 울기도 했어요.

하지만 뭐든 100퍼센트 좋은 일은 없듯이, 즐겁고 열정적으로 하던 아이들과의 수업도 점차 어려운 부분이 나타났습니다. 일단 입소문을 타면서 수업 요청이 너무나도 많아졌고, 더불어 아이들에게 일일이 열정을 쏟기 힘든 상황이 됐어요. 그 와중에 영어를 거부하는 아이들을 데려와 "영어를 좋아하고 잘하게 해달라"는 부모들도 심심치 않게 있었습니다. 제가 영어를 배우고 공부했던 경험을 살려서 백지에 자유롭게 그림을 그리는 것은 가능했지만, 어린 나이에 이미 영어에 대해 나쁜 선입견을 가진 아이들이나 영어와는 담을 쌓은 아이들, 또는 영어에 전혀 관심이 없는 아이들을 대하는 것은 상대적으로 벅찼습니다. 게다가 '과외'라는 것은 결국 크든 작든 어떤 결과물을 보여줘야 하기 때문에 그게 굴레처럼 느껴지기도 했죠.

그때부터 고민하기 시작했습니다. 영어를 즐겁게 공부할 수는 없는 걸까? 결과나 성적에 구애받지 않고 평생 갈고닦는 언어처럼 영어를 일상화할 수는 없는 걸까? 60~70대 어르신들도 젊은 친구들의 인터넷 신조어를 배우는 세상입니다. 일정 수준에 도달했더라도 까먹지 않고 요즘 언어로 소통하기 위해서는 꾸준한 노력이 필요합니다. 그러려면 매일 접하는 매체가 있어야 하고, 또 재미있어야 합니다. '유튜브'는 제가 추구하는 영어 공부 방식과 정확히 맞아떨어졌어요. 그래서 크리에이터가 되기로 결심했습니다. 나도 즐겁고 당신도 즐겁고, 나도 배우고 당신도 배우는 유튜브를 통해 사람들을 만나자고 말이죠!

우리가 여전히 영어를 못하는 이유

'쩔었어'를
영어로 말하면?

영어는 학문이 아닙니다. 그저 영어가 모국어인 사람들이 자연스럽게 사용하는 '말'이에요. 국어 교과서에 우리가 일상에서 사용하는 모든 말이 실리지 않는 것처럼, 교재로만 공부하는 영어는 결국 실력 향상에 한계가 있습니다.

제가 '날라리데이브' 채널이나 브이로그에서 현지인들이 실제 일상에서 사용하는 단어나 표현뿐만 아니라 슬랭(slang·속어)까지 소개하는 이유도 이 때문입니다. 미국 사람들은 일상생활에서 정말 많은 슬랭을 사용해요. 슬랭이라고 하니 조금 어렵게 느껴지죠? 하지만 슬랭이란 우리말의 '쩔어'와 같이 교과서에는 없지만 널리 쓰이는 표현을 의미해요. "The party was so lit!(그 파티 완전 쩔었어)"과 "The party was great!(그 파티 훌륭했어)"은 느낌 차이가 크죠?

"이렇게 숙제를 대충 할 거면 하지 마!"라는 말도 마찬가지예요. 보통은 "Do not do homework like this!(이런 식으로 숙제하지 마)"라고 말할 수 있죠. 하지만 뭔가 느낌이 부족해요. 이런 말을 해야 하는 상황이라면 분명 학생이 숙제를 엉망진창으로 했을 거고, 약간의 협박(?)도 필요한 상황이겠죠. 그래서 "If you are gonna bring half-assed homework like this, don't even bother!(이렇게 숙제를 설렁설렁 할 거면 하지 마)"라고 말해야 그 느낌을 살릴 수 있어요. 한국말로도 당연히 후자의 표현을 더 많이 쓰고요.

이런 슬랭 가운데는 영어 교재에는 절대 언급되지 않지만 현지에서는 너무도 자주, 널리 쓰이는 표현들이 있습니다. 물론 이런 말들은 간혹 문법과 맞지 않거나 문법을 파괴하는 경우도 있지만, 일상에서 너무 오랫동안 광범위하게 쓰여서 아예 하나의 단어처럼 굳어져버렸어요. 또 잠깐 쓰였다 사라지는 유행어도 많고, 하나의 표현에서 파생·변형된 응용 표현들도 무수히 많죠.

슬랭을 사용하면 교과서에서 배우는 표현들을 썼을 때보다 훨씬 더 영어를 잘하는 사람처럼 보일 수 있어요. 예를 들어 우리나라에서 방송인으로 열심히 활동하는 타일러 씨가 있죠? 타일러 씨는 한국말을 정말 잘해요. 복잡한 한국어 구조를 정확히 이해하고 정확한 단어

27

를 사용해 조리 있게 말합니다. 중간중간 어려운 사자성어나 한자어도 자유자재로 구사합니다. 웬만한 한국 사람보다 한국말을 더 잘하죠. 하지만 현실적으로 모국어가 아닌 외국어를 그 정도 수준까지 말할 수 있는 사람이 얼마나 될까요? 정말 드물 거예요. 그건 단순히 언어학적인 지식을 넘어 한국인 특유의 문화와 정서까지 완벽히 이해하고 있어야 가능한 수준이니까요. 그런데 슬랭이 그런 부분들을 어느 정도 커버해줄 수 있어요. 슬랭이란 기본적으로 그 문화권 사람들의 사유 방식을 담고 있으니까요.

동시에 슬랭을 섞어 쓰면 원어민들과 쉽게 가까워질 수 있어요. 우리가 그 나라 언어를 배운다는 것은 결국 그들과 대화하기 위해서잖아요? 그런데 어떤 말을 했을 때 그들이 호의를 보내준다면 더 많은 대화를 이어나갈 수 있겠죠.

외모만 보면 한국인과는 거리가 멀어 보이는 라틴계 친구가 다가와서 "와, 나 어제 소개팅했는데 핵존예!"라고 말한다고 상상해보세요. 우리는 일단 신기해하면서 웃음이 터질 거예요. 그렇지 않더라도 '와, 얘가 이런 단어를 어떻게 아는 거야?'라는 생각이 들면서 그 사람에 대한 호기심이 엄청 높아질 수밖에 없어요. 이런 호기심 덕분에 상대방과 말을 한마디라도 더 나누고 싶어지죠.

회화는 실생활에서 사람들과의 교류를 통해 배워야 가장 빨리 늘어요. 그래서 제가 강조하는 만큼 관심을 갖고 슬랭을 배운다면 분명 여러분의 영어 학습에도 큰 도움이 될 거예요.

만약 이 책을 읽는 독자분들이 "아, 나 같은 초보가 무슨 슬랭이야" 라고 말씀하신다면 굳이 시작부터 한계를 만들지 말라고 조언하고 싶습니다. 현지인의 간단한 표현이나 슬랭을 익히면 영어에 대한 흥미를 키우는 데 분명 도움이 됩니다. 영어 입문자라면 당연히 기초부터 닦는 것이 좋지만, 그렇다고 슬랭을 절대 쓰지 말아야 하는 것은 아니니까요. 또 슬랭은 초보의 영어 수준을 업그레이드시켜주는 효과도 있죠. 무엇보다 "언젠가 나도 현지인들처럼 멋있게 슬랭을 자유자재로 말해야지!" 하는 정도의 용기는 꼭 마음속에 품고 공부하시길 바랍니다!

영어 울렁증의
실체

몇 년 동안 영어를 공부했지만 좀처럼 회화 실력이 늘지 않는 사람들 중에 '영어 울렁증'을 호소하는 분들이 많습니다. 수많은 표현을 이미 알고 있는데도 막상 외국인을 만나면 위축되어 말문이 턱 막힌다는 것이죠. 사실 대부분의 사람들이 그래요. 내 영어 실력이 만천하에 드러나는 게 싫어서 아예 입을 닫아버립니다. 그들은 "외국인만 보면 알던 말이나 단어도 생각이 안 나요. 얼음이 돼요"라고 말합니다. 또 겨우 힘겹게 한마디를 떼더라도 두세 문장 이상 대화를 이어가지 못하고요.

익숙하지 않은 언어로 말을 하는 것은 당연히 어렵습니다. 막힘없이 단어를 쏟아내는 원어민 앞에서 무슨 말을 해야 할지 당황스럽고,

또 마땅한 단어를 찾지 못해 쩔쩔매는 것은 자연스러운 현상이에요. 그런데 의외로 많은 사람들이 영어를 공부할 때 이 과정을 견디지 못한 채 스스로 영어 울렁증이 있다고 자책하고 포기합니다.

영어 울렁증의 실체는 대부분 '틀리지 않게 정확히 말해야 한다'는 강박에 있습니다. 영어를 언어가 아닌 학문과 시험으로 처음 접한 사람들이 특히 이런 특징을 보입니다. 우리가 처음 배운 영어는 주어 뒤에 동사, 동사 뒤에 목적어처럼 약속된 어순이 있고, 또 그 위치와 역할에 따라 하나의 단어를 규칙에 맞게 변형해 말해야 합니다. 그 와중에 규칙을 벗어난 예외의 단어들은 별도로 외워야 하고요. 하지만 한 번 생각해보세요. 저보다 한국말에 훨씬 능통한 여러분은 평소에 한국말을 얼마나 올바르게 사용하나요? 자주 사용하는 말들이 형용사인지 부사인지, 단어의 품사도 정확히 알고 있나요? 아마 대부분의 사람들이 자신 있게 그렇다고 대답하지 못할 거예요. 우리는 완벽하게 문법에 맞춰서 한국말을 하지 않습니다. 아니, 그렇게 못 하는 경우가 더 많죠. 문법에 맞는 문장이 일상에서는 오히려 어색한 경우도 많고요. 영어도 마찬가지입니다. 영어를 잘하는 유명인의 영어 실력을 꼼꼼히 파헤쳐보면 의외로 실수를 하거나 틀린 표현을 쓸 때가 많아요.

예를 들어 영어의 과거형에 대해 말해볼까요? 과거형은 동사원형

우리가 여전히 영어를 못하는 이유

뒤에 '-ed'를 붙여서 만들어요. 하지만 동시에 우리는 불규칙동사가 있다는 것도 알아요. 시험에는 대부분 불규칙동사가 나오니 오히려 규칙보다는 예외에 집착하게 되죠. 그래서 '그것을 쳤어(I hit it)'와 같이 과거형이 들어간 말을 하려고 하면 일단 당황부터 합니다. 'hit의 과거형은 뭐지? hit인가? hitted인가?' 하면서 혼자 의기소침해지다가 결국엔 그 문장을 말하는 것을 포기하게 됩니다.

영어를 빨리 배우는 사람들, 영어를 잘하는 사람들은 이런 것들을 두려워하지 않습니다. 틀려도 머릿속에 떠오르는 것을 그냥 입 밖으로 내뱉거나, 대화 중에 "What is correct? I hitted it? I hit it?"이라고 물어볼 수도 있겠죠. 틀린 말을 내뱉어도 대화는 이어질 거예요. 모르는 걸 물어보면 또 다른 대화거리가 생기며 분위기가 좋아질 수도 있겠죠.

부딪치는 것도 연습이고 훈련입니다. 저도 스무 살에 다시 한국으로 와서 4년 넘게 한국 사람들하고만 지내다 보니 어느새 영어 울렁증이 생기더라고요. 게다가 학생을 가르치는 강사다 보니까 '영어를 절대 틀리면 안 된다'는 강박 때문에 울렁증은 더더욱 심해졌습니다. 같은 학원에서 일하는 원어민 선생님 앞에서는 괜히 흠이라도 잡힐까봐 신경도 쓰였어요. 그런데 누구나 말을 할 때 실수를 하지만 정작 그 말을 듣는 원어민들은 크게 개의치 않습니다. 내가 편하게 말해야 상대도 편하게 듣는다는 사실을 깨닫고 나서야 저도 계속 부딪치는 연습을 했고, 다시 아무런 부담감 없이 편하게 영어를 말하기까지 1~2년이 걸렸습니다.

문법적으로도 완벽한 영어를 구사하는 건 너무도 좋습니다. 하지만 그것 자체가 목표가 되어서는 안 됩니다. 적어도 영어로 말문이 트이기 전까지는요. 우리는 영어에 대해 너무 엄격한 잣대를 가지고 있습니다. 머릿속에 학창 시절 배운 영어 문법이 뿌리 깊게 자리 잡고 있어서 단어를 뱉어야 할 타이밍에 '이게 맞나? 틀렸나?'를 생각하게 되는 것이죠. 특히나 초보자가 완벽한 문장으로 말을 하려고 하면 극심한 버퍼링에 시달리게 되고, 그러다 보면 실제로 말을 하는 것이 거의 불가능해집니다. 그렇게 열 마디를 말할 기회를 놓치고 완벽한 문장 하나를 어렵게 말하는 것보다는 실수투성이인 문장을 열 번 뱉어보는 것이 실전적으로 피드백도 받아보고 자신의 부족한 부분도 빨리 깨닫게 해주기 때문에 훨씬 도움이 됩니다.

또 하나, 타인의 시선을 지나치게 의식하는 문화도 영어 울렁증의 심각한 원인으로 작용합니다. 다른 사람의 시선이나 평가에 민감하게 반응하는 문화가 결국 '틀리는 것'에 대한 과도한 불안감을 조성하거든요. 우리가 늘 사용하는 한국말도 사실 따지고 보면 문법적으로 완벽하지 않습니다. 모국어조차 이런데 외국어인 영어를 문법적으로 완벽하게, 여기에 문화적인 뉘앙스까지 얹어서 말하고 싶다? 영어를 처음 배우는 사람들에게는 실현 불가능한 목표와도 같습니다. 영어가 모국어인 사람들도 말할 때는 크고 작은 실수를 하고, 어떤 경우에는 평생 자신의 실수를 모른 채 잘못된 표현을 습관처럼 쓰기도 합니다. 다른 실수나 미숙함에 대해서는 비교적 관대한 사람들이 유독 영어에 대해서만 완벽주의 성향을 드러낼 때 저는 안타까운 마음이 들어요.

자신이 외운 표현을 현실 상황에서 적절하게 사용하려면 실전 감각이 무엇보다 중요합니다. 그리고 이 실전 감각은 책을 많이 읽고 강의를 많이 듣는다고 해서 느는 것이 아니에요. 실제로 말로 뱉고 그 상황에 부딪쳐서 자연스럽게 내 몸에 익혀야 하죠. 이제 '영어 울렁증'이란 말은 머릿속에서 완전히 지워버리세요. 제가 학생들에게 늘 했던 말이 있습니다. "외국인 앞에서 단어가 두 개 이상 생각나면 일단 말해라!" 상대는 이미 당신과 대화할 마음을 먹고 있기 때문에 어설픈 영어라도 당신의 말을 듣고 기다려줄 거예요. 외국인 앞에서 어설프게 한마디 툭 뱉은 스스로에게 칭찬해주세요. "좋아, 잘하고 있어!"

김영철 영어가
억지스럽다고요?

제가 유튜브를 하면서 재미 삼아 시작했던 것이 있습니다. 바로 '유명인 영어 실력 파헤치기'. 어느 구독자가 "권지용(지드래곤)이 영어를 잘하는 건가요?"라고 물어보기에 이 콘셉트로 영어에 대해서 말해보면 재미있겠다는 생각을 하고 시작했던 콘텐츠예요.

그렇게 연예인들의 영어 실력에 대해 이야기하는 영상을 만들었는데 생각보다 반응이 뜨거웠어요. 이병헌, 김종국, 스윙스, 최시원, 타블로 등 국내 연예인의 영어 실력을 다룬 영상은 105만 조회 수를 기록했고 BTS의 RM, 한예슬, 블랙핑크 등의 실제 영어 실력을 다룬 영상은 제 채널의 가장 인기 콘텐츠가 되었습니다.

그중 특히 기억에 남는 콘텐츠가 바로 '김영철의 영실파(영어 실력

파헤치기)'입니다. 김영철 씨를 '영실파'의 주인공으로 삼았던 건 구독자들의 요청이 많았기 때문이에요. 구독자들은 "김영철 씨가 영어를 잘하는 건가요", "원어민이 들었을 때 거부감은 없나요?" 등등을 질문해왔고 심지어 김영철 씨의 영어 실력을 '저격'해달라는 요청까지 들어왔습니다. 직설적으로 이야기하지는 않았지만 많은 사람이 그의 실력을 폄하하고 있다는 느낌을 받았죠.

김영철 씨의 영어 실력을 비하하는 사람들은 대개 한 가지 공통된 이유를 내세우곤 합니다. 한국 사람들이 보기에는 '완벽한 영어'가 아닌데, 자신감만 가득 차서 큰소리를 치는 것이라고 말이죠. 쉽게 말하면 실제 실력은 80점에 불과한데 김영철 씨 자신은 100점 만점의 자신감을 갖는 것처럼 보인다고나 할까요? 그런 이유로 김영철 씨의 실력을 이유 없이 깎아 내리는 사람들이 있었습니다.

전 김영철 씨의 영어 실력, 좀 더 정확히 말하면 '영어회화' 실력을 아주 높게 평가합니다. 그 이유는 크게 두 가지입니다. 첫 번째, 김영철 씨는 국내에서 영어회화를 배웠지만, 체득화하려는 노력을 통해 자신의 생각을 원어민들에게 효과적으로 전달할 수 있는 실력을 갖췄습니다. 두 번째, 김영철 씨에게는 남다른 마인드가 있습니다. 학문적인 영어 실력으로만 따진다면 김영철 씨보다 영어에 대해 더 많이 알고 잘하시는 분들이 많습니다. 그런 분들과 달리 김영철 씨는 영어

회화의 핵심을 정확히 간파하고 그 부분을 정신적으로 정말 잘 꿰뚫었습니다. 중요한 것은 완벽한 문장 구조를 갖추는 것이 아니라 상대방과의 교류 속에서 얼마나 자신감 있게 말하느냐라는 것. 김영철 씨는 바로 그런 마인드 덕분에 짧은 시간에 원어민과 자연스러운 대화가 가능한 수준에 이르렀습니다.

이러한 이유들 때문에 회화를 가르치는 강사의 입장에서 그의 실력을 폄하하거나 깎아내리는 것은 사실 쉽게 납득하기 어렵습니다. 5년 이상 유학 생활을 했는데도 원어민들 앞에서 자신감 있게 말하지 못하는 사람들을 정말 많이 봤습니다. 그래서 저는 김영철 씨의 태도를 더욱 의미있게 평가합니다.

최근 TV를 보면 영어를 주제로 한 프로그램이 부쩍 많아졌죠. 그중 한 방송에 김영철 씨가 게스트로 나온 적이 있습니다. 그런데 그 방송에 함께 출연한 또 다른 게스트가 김영철 씨의 실제 영어 실력에 대해 품평하더라고요. 역시나 영어 실력이 출중한 그 출연자는 "김영철 씨는 말할 때 과장된 억양과 말투가 억지스럽고 어색해 보인다"고 하더군요.

엄밀히 따지면 그 출연자의 평가는 틀린 게 아니에요. 공개된 영상만 보면 김영철 씨는 미국인들이 100퍼센트 공감하는 현지인들의 세련된 어휘와 고급스러운 표현을 완벽하고 자연스럽게 구사한다고 말하기 어렵거든요. 또 표정이나 발음, 억양에 분명 과장된 면이 있기도 하고요. 하지만 이는 약점이라고 하기엔 다소 애매합니다. 과장된 억양이나 발음은 일종의 말투이기 때문이죠. 그런데 말투, 그러니까 말하는 스타일은 사람마다 다른 것이 당연하죠. 이건 맞다거나 틀리다고 말할 문제가 아니에요.

영어 초보자들에게 감히 말합니다. 김영철 씨의 실력은 둘째 치고라도 영어를 대하는 그 태도만큼은 꼭 배우시길 바랍니다. 실제로 원어민들은 상대가 어떤 스타일로 스피치하는지는 그다지 중요하게 생각하지 않아요. 그들에게 더 깊은 인상을 남기는 것은 얼마나 당당하고 자신감 있게 말하느냐입니다. 예를 들어 미국에 거주하는 인도인들을 보면 악센트가 아주 강한데도 불구하고 다들 영어를 아주 자신감 넘치게 합니다. 표현과 발음이 틀리다고 하더라도 거침없이 자신들이 말하고자 하는 요점으로 달려가죠.

가끔 미국의 코미디쇼나 토크쇼에서 외국인의 발음을 농담거리 삼아 얘기하는 경우가 있습니다. 그건 비하하거나 비꼬기 위한 것이 아니라 말 그대로 말장난이고, 농담일 뿐, 그걸 진지하게 받아들이는 현지인들은 거의 없습니다. 발음과 상관없이 자신있게 말하는 사람의 의견을 무시하는 모습도 찾아보기 힘들죠. 미국은 애티튜드 사회입니다. 강렬하고 당당한 애티튜드일수록 더 인정받고, 긍정적인 반응을 이끌어낼 수 있어요. 유창성이나 발음보다 더 중요한 건 그 사람이 풍기는 에너지와 태도입니다.

어설프게 부족한 실력을 멋으로 커버하려고 미국인들이 즐겨 쓰는 슬랭과 제스처를 따라 하면서 속 빈 메시지만 뱉기보다는, 조금 투박하고 촌스러워 보일지라도 자신감 넘치게 자신의 생각과 의견을 영어로 말하는 것이 훨씬 멋있습니다. 그게 바로 김영철 씨의 영어가 멋져 보이는 이유이기도 하고요.

'영어를 잘하고 싶다'는 건 목표가 아니다

어느 날 한 학생이 "급하다"며 저를 찾아왔습니다. 미국으로 MBA 과정을 하러 가게 되었다면서 석 달 동안 면접 영어와 현지 적응을 위한 영어회화를 가르쳐달라고 했습니다. 입학 준비는 어떻게든 했는데 막상 미국에 가서 면접을 보고 수업을 들을 생각을 하니 앞이 깜깜했던 거지요.

비교적 최근엔 이름만 대면 알 만한 연예인이 찾아온 적도 있습니다. 요즘 연예인들의 해외 진출이 많아지다 보니 그 가능성을 열어두고 준비를 하기 위해 영어 공부를 시작하게 된 거죠. 영어에 대한 기본적인 지식이 있는 상태였고 의욕도 충만했기 때문에 조금만 공부하면 원어민 수준까지 갈 수 있을 것 같았어요. 그렇게 1년간 정말 열심히 해보겠다는 각오로 시작했습니다.

두 사람의 결과는 어땠을까요? 면접용 영어를 공부했던 친구는 나름 성공적으로 면접을 봤어요. 일상생활의 영어 역시 크게 향상되었고요. 석 달밖에 안 되는 시간이었지만 단기간에 놀라운 변화를 이뤄냈습니다. 반면 연예인 학생은 6개월이 지났지만 처음 만났을 때와 별로 달라진 것이 없었어요. 스케줄이 바빠 수업을 거른 경우도 많았고 공식적인 활동은 물론, 개인적인 일을 처리하는 데도 소속사가 나서다 보니 영어에 대한 절박함이 상대적으로 덜했던 거죠.

두 사람의 결과가 이토록 극명하게 달랐던 이유는 바로 목표의 차이에 있었습니다. 영어를 공부할 때는 분명하거나 절실한 목표가 있어야 합니다. 제 경험상 자신이 정한 기간에 원하는 만큼 영어 실력이 향상된 경우는 대부분 뚜렷하고 확실한 목표가 있는 경우였습니다. 그리고 장기적인 목표보다는 단기적인 목표일 경우 성공할 확률이 높았습니다. 사람이 절박한 순간에 내몰리면 말도 안 되는 에너지가 뿜어져 나오곤 합니다. 특히 직장이나 학교처럼 생존, 경쟁 등과 직결된 문제라면 더더욱 그렇습니다.

이런 의미에서 단순히 "영어를 잘하고 싶어요"는 최선의 목표가 아닙니다. 물론 영어에 대한 순수한 호기심과 열정으로 모든 역경을 뚫고 공부하는 사람도 있기는 하지만, 대부분은 현실적인 목표 없이는

우리가 여전히 영어를 못하는 이유

스스로 동기부여를 하는 경우가 극히 드물기 때문이에요. 오히려 회사 면접이나 대학원 입학처럼 진짜 이루고자 하는 목표는 따로 있고 영어가 수단인 경우에 놀랍게도 영어 실력이 쑥쑥 느는 경우가 많았습니다.

제가 강사로 일할 때 어려웠던 것 중 하나가 바로 학생들에게 동기를 부여하는 일이었습니다. 여러분도 생각해보세요. 어떤 일에 열정을 가지고 순수하게 몰입했던 때가 있었나요? 무엇 때문에 그게 가능했나요? 대부분은 자기가 너무 좋아하고 원했던 일을 하거나, 또는 반드시 해야만 하는 일을 할 때였을 거예요. 남이 아무리 좋은 말을 해줘도 그건 그 사람의 동기일 뿐, 나 자신의 동기가 되기 어렵습니다. 이 책을 읽는 분들도 마찬가지일 거예요. 제게서 영어 공부의 동기를 얻기는 어렵습니다. 결국 영어 공부의 동기는 스스로 찾아야 하죠.

그리고 동기는 '영어로 이루고 싶은 것'이 있어야 더 잘 찾을 수 있습니다. 제 유튜브 콘텐츠 중에 '영공공(영어 공부법 공유)' 시리즈가 있습니다. 원어민 수준으로 영어를 구사하는 한국 사람 중에 국내에서 독학으로 공부한 분들을 모시고 영어 공부법에 대해 인터뷰하는 내용입니다. 대부분 영어에 노출된 적이 거의 없는 상황에서 오로지 독학으로만 영어를 마스터한 실력자들이라서 영어 공부를 하는 분들에게 많은 귀감이 되고 있죠.

이 시리즈의 첫 번째 주인공인 '워드가즘(WORDGASM)' 님은 영어 공부에서 목표 설정이 중요한 이유를 보여주는 대표적인 사례입니다. 워드가즘 님은 고등학교 2학년 때 갑자기 수능도 제쳐두고 영어 공부에 매진하게 됩니다. 그전까지는 중학교 수준의 단어와 문법만 알고 있을 만큼 영어에는 하나도 관심이 없었다고 합니다. 그런데 영어를 공부하기로 마음먹은 어떤 계기가 있었어요. 바로 '사진'이었습니다. 중학교 시절부터 유일하게 관심을 갖고 있었던 것이 사진이었어요. 그래서 사진을 더 잘 찍고 싶다는 생각에 유튜브에서 이런저런 정보를 찾아보기 시작한 거죠. 그러다 유튜브에서 '사진'으로 검색했을 때와 'photography'로 검색했을 때 콘텐츠의 질과 양이 확연히 다르다는 사실을 알게 됐습니다. 워드가즘 님에게는 이것이 영어 공부를 해야 하는 절실한 이유가 됐습니다.

수많은 사람들이 오늘도 영어를 잘하고 싶어서 공부에 매진합니다. 모두가 열정 넘치게 시작하지만 누군가는 1년 안에 영어로 하고 싶은 말을 하는 반면, 또 누군가는 3년이 지나도록 여전히 제자리걸음인 이유는 바로 '얼마나 뚜렷한 목표를 세웠는가' 또는 '영어로 무엇을 이루려고 하는가'에 있었습니다.

영어 공부를 계속하게 하는 동기가 된다면 그 이유와 목표는 지극히 사소하고 개인적이어도 상관없습니다. 내가 영어 공부를 왜 하려

고 하는지 그 동기를 생각해보세요. 그리고 동기를 계속 북돋아줄 구
체적인 목표까지도요.

'나다움'을
잃지 마라

남이 만들어준 목표나 동기는 언젠가 힘을 잃기 마련입니다. 잠깐 제 이야기를 다시 해볼게요. 짧다면 짧고, 길다면 긴 30년 남짓의 제 인생을 돌이켜 봤을 때, 스스로 가장 많이 발전했던 시기는 20대 중반이었습니다. 남들이 아니라 내가 세운 기준에서 내가 만족할 수 있는 삶을 살아야겠다는 깨달음을 얻은 시기거든요.

전 크게 넉넉한 환경에서 자란 것은 아니지만, 그래도 중산층 수준의 가정에서 태어나 운 좋게도 물질적으로는 큰 걱정 없이 살았습니다. 부모님도 검소한 편이셨기에 저도 자연스럽게 그런 모습을 보고 컸습니다. 하지만 타고난 성격상 욕심이 없지는 않았어요. 뭐든 시작하면 "잘한다"는 소리를 듣고 싶었고, 영어 공부도 마찬가지였죠. 게

우리가 여전히 영어를 못하는 이유

다가 남이 해주는 칭찬을 참 좋아했습니다. 공부할 때는 그런 것이 동기가 되어 더 열심히 하게 했죠.

그런데 스무 살 무렵 그 욕심이 엉뚱하게도 '명품'으로 폭발했습니다. 제가 한국으로 완전히 돌아왔을 때였어요. 당시 제 눈에 멋있어 보이는 사람들은 죄다 비싼 명품 옷과 액세서리를 몸에 휘감고 다녔어요. 그렇게 자신의 부를 과시하는 게 꽤나 그럴싸해 보였습니다. 저는 그들을 따라 얼마 되지도 않는 용돈으로 허세를 부리기 시작했어요. 그런데 이제 갓 스무 살이 된 청년의 주머니 사정은 뻔하죠. 당연히 갖고 싶은 물건들은 죄다 제 구매 능력 밖이었습니다.

그럼에도 제가 가진 돈의 80~90퍼센트를 명품에 쏟아부었습니다. 옷을 사랑하는 순수한 마음보다는 저보다 훨씬 잘사는 사람들에 대한 자격지심이었죠. 제가 선망하던 삶과 괴리감을 좁힌 듯한 기분을 잠시라도 느끼기 위해 비싼 옷과 신발에 집착하며 과소비하는 악순환이 한동안 반복됐습니다. 그런 허세로 부족한 본모습을 완벽히 숨길 수 없다는 사실을 알고 있었지만, 쉽게 고쳐지지 않았습니다. 돌이켜보면 20대 초반에는 그렇게 내면의 발전 없이 겉모습에만 집착하면서 시간을 허비했던 것 같습니다.

그러다 스물다섯 살에 인생의 큰 전환점을 맞이했습니다. 뜻밖의 사고에 휘말려서 큰돈을 갚아야 하는 상황에 내몰린 것이죠. 결국 주변에 빚을 지고 부모님까지 나서게 되면서 정신이 번쩍 들었습니다. '도대체 내가 지금 뭘 하고 있는 거지?'라는 생각이 들더군요. 그때부터 본격적인 알바 인생이 시작됐습니다. 옷 장사, 통역, 강사 등 닥치는 대로 일을 하면서 돈을 벌기 시작했어요. 그 와중에 어차피 일을 할 거라면 좀 더 내 마음이 가는 일, 즐거운 일을 하자고 마음먹었습니다. 가장 재미있는 일은 누군가를 가르치는 것이었고요. 그때는 매일매일 '이 일을 어떻게 더 잘할까?' '학생들이 날 더 좋아하게 하려면 어떻게 가르쳐야 하지?'라고 고민했어요. 하루아침에 돈을 쓰는 입장에서 버는 입장이 되어보니 겉으로 보이는 것은 아무 의미가 없었습니다. 학생들에게 필요한 건 겉보기에 잘난 사람이 아니라 자기에게 꼭 필요한 지식과 정보를 효과적으로 전달해주는 사람이니까요.

덕분에 제가 졌던 빚은 1년도 지나지 않아 전부 갚았습니다. 정신없이 가르치기만 하다가 어느 날 옷장을 열어보고는 꽤 충격을 받았습니다. 1년 동안 신발 한 켤레 산 적이 없더라고요. 그런데도 하루하루 보람을 느끼며 살다 보니 남들에게 뒤처졌다는 불안감, 명품 하나 걸치지 않은 내 모습이 초라해 보이지는 않을까 하는 걱정이 전혀 들지 않았습니다. 시도 때도 없이 제 마음을 어지럽히던 공허함과 외로움, 자괴감에서 벗어난 것도 그즈음이었습니다. 저한테는 그때의 경험이 큰 인생 공부가 되었고, 지금도 가장 중요하게 생각하는 삶의 가치관 중 하나가 되었습니다.

제가 저의 철없는 과거를 꺼낸 것은 영어 공부를 시작할 때도 자신만의 정확한 기준과 잣대가 있어야 한다는 말을 하고 싶어서예요. 남이 서툰 나의 영어 실력을 어떻게 볼까, 고민하고 걱정하며 남의 시선만 의식한다면 절대 영어를 잘할 수 없습니다. 발음이나 억양, 표현이 원어민스럽지 않다고 해서 주눅 들거나, 지나치게 위축될 필요가 없습니다.

예전에 한 예능 프로그램에서 배우 윤여정 씨가 영어로 말하는 것을 본 적이 있습니다. 영어를 유창하고 길게 구사하는 것도 아니고 발음과 억양도 투박했지만, 제 눈에는 정말 멋있어 보였습니다. 한국말을 할 때처럼 간결하지만 정확하게 의사를 전달하는, 윤여정 씨 특유의 말솜씨가 영어에서도 그대로 드러났거든요. 영어도 말이고, 자신을 표현하는 수단이에요. 다른 사람의 기준이나 평가에 신경 쓸 필요가 없습니다. 매일 즐겁게, 스스로를 채워가는 느낌으로 공부해야 오랫동안 지속할 수 있어요. 그리고 그렇게 즐겁게 공부하려면 과정 속에 '나다움'이 있어야 합니다.

저는 글을 읽는 속도가 많이 느리고 영상에 비해 글에 집중을 못 합니다. 이런 제가 어렸을 때부터 영어를 책으로, 신문으로 배웠더라면 지금 실력까지 올 수 있었을까요? 저는 사람을 좋아하고 영상을 좋아하기 때문에 〈제임스와 거대한 복숭아(James and the Giant Peach)〉라는 영화를 테이프로 30번 넘게 보면서 통으로 외웠어요. 밖에서 친구들과 농구를 하며 영어를 써보기도 했고요. '나다운 방식'으로 영어를 배웠기에 여기까지 올 수 있었습니다.

　모두에게 통하는 절대 진리는 없습니다. 나다움이라는 것은 목표를 정할 때도, 영어 공부 방식을 결정할 때도 도움이 됩니다. 나는 언제 집중을 잘하는지, 어떤 목표에 의해 움직이는 사람인지, 또 어떤 방식을 가장 선호하는지 고민한다면 분명 좋은 결과를 얻을 수 있습니다.

▶

**천재 아시안 래퍼 리치 브라이언,
현역 래퍼도 놀란 '영어 실력'의 비밀!**

2016년 '리치 치가(Rich Chigga)'라는 가명으로 데뷔한 리치 브라이언(Rich Brian)은 등장과 동시에 세계적으로 돌풍을 일으킨 천재 뮤지션이에요. 데뷔곡 〈Dat $tick〉의 뮤직비디오는 유튜브에서 무려 9600만 조회 수를 기록했고, 디자이너(Desiigner), 21 새비지(21 Savage) 등 미국의 현역 래퍼들이 그의 뮤직비디오에 리액션하는 영상까지 잇따라 등장하며, 그야말로 하루아침에 유명인사가 되었죠. 당시 리치 치가의 나이는 불과 16세였습니다.

더 놀라운 건 그가 그때까지 미국에는 한 번도 가보지 않은 중국계 인도네시아 사람이었다는 점이에요. 리치 브라이언의 랩을 들은 모든 사람들은 그가 당연히 미국계 아시아인일 거라고 생각했는데 말이죠. 그도 그럴 것이, 그의 랩은 노래의 완성도는 물론 가사, 멜로디, 그루브, 심지어 발음까지 미국에서 나고 자란 사람이 아니면 표현할 수 없는 느낌을 담고 있었어요. 그런 그가 미국에 한 번도 가본 적이 없는 외국인이라는 사실에 수많은 사람들이 놀라움을 감추지 못했습니다.

그와 인터뷰를 진행한 미국의 진행자는 리치 브라이언에게 이렇게 물었습니다. "(17세에 미국에 처음 왔다면서) 왜 나보다 영어를 잘해?"라고요.

요즘에는 외국어를 잘하는 사람을 쉽게 접할 수 있어요. TV만 틀어도 한국말을 잘하는 외국인들을 볼 수 있어요. 외국인인데도 쓰는 단어나 표현을 보면 거의 한국 사람에 가까울 정도로 완벽합니다. 하지만 발음만 놓고 보면 어쩔 수 없이 '외국인이구나'라는 생각이 듭니다. 영어도 마찬가지예요. 후천적으로 영어를 배운 사람들이 원어민의 타고난 발음과 인토네이션(intonation)을 똑같이 구사하기란 정말 어려워요. 그런데 리치 브라이언은 원어민보다 더 뛰어난(?) 영어 실력을 자랑해서 노래만큼이나 화제가 되었습니다.

뒤이어 공개된 리치 브라이언의 스토리는 더더욱 놀라움의 연속입니다. 그는 부모님의 결정에 따라 초등학교에 가지 않고 홈스쿨링을 했다고 해요. 그마저도 2년 정도 하다가 별다른 진척 없이 끝납니다. 그때가 9~10세 무렵이었습니다. 그러니까 교육이나 공부라고 할 만한 것은 10세 이후 한 번도 해본 적이 없는 셈이었던 거죠.

친구들처럼 학교에 다니지 못한 리치 브라이언은 유튜브에 꽂혔습니다. 당시 취미 중 하나가 루빅스 큐브(퍼즐의 일종으로, 작은 정육면체가 모여 큰 정육면체를 이루고 있다. 여러 방향으로 돌려가며 하나의 면이 같은 색이 되게 한다)였는데, 대회에 나갈 정도로 푹 빠져 있었다고 해요. 루빅스 큐브를 잘하기 위해 튜토리얼 영상 등을 찾아보다가 유튜브를 처음 접한 거죠. 8~9년 전만 해도 유튜브의 거의 모든 채널은 영어 아니면 스페인어 콘텐츠였기 때문에 리치 브라이언은 자연스럽게 영어를 접할 수밖에 없었습니다. 그렇게 관련 영상을 보고, 또 보다 보니 어느 순간 생각도 영

우리가 여전히 영어를 못하는 이유

어로 하게 되었다고 해요. 영어를 아무리 잘하더라도 생각할 때는 본능적으로 더 편한 언어를 사용하게 되잖아요. 리치 브라이언은 본능적으로 떠오르는 언어가 어느새 모국어가 아닌 영어가 되어버린 것입니다.

그의 영어회화 실력을 극대화해준 것은 바로 힙합 음악이었어요. 미국 래퍼들의 음악에 심취하면서 힙합에 푹 빠졌고, 2년 만에 첫 싱글 〈Dat $tick〉을 선보이게 되었습니다. 언어나 음악 등 여러모로 천재적 기질을 가졌다고밖에는 설명하기 힘들 정도예요.

그는 좋아하는 랩을 반복해 들으면서 모르는 가사는 하나도 빠짐없이 인터넷으로 뜻을 찾아보고 공부했다고 합니다. 가사에 나오는 모든 표현과 단어를 집요하리만치 파고들다 보니 'Faygo'라는 미국 음료수 브랜드까지 알게 됐다고 해요. 단어, 표현, 문화까지 랩을 통해 자연스럽게 습득하게 된 것이죠. 이렇게 드라마틱한 스토리에 범접할 수 없는 실력까지 갖춘 리치 브라이언은 지금 힙합신에서 가장 핫한 뮤지션 중 한 명으로 손꼽히고 있습니다.

만약 유튜브가 없었다면 정규교육을 한 번도 받아본 적 없는 아시아계 래퍼가 미국 흑인 래퍼들 사이에서 전혀 꿀림 없이 랩을 할 수 있었을까요. 리치 브라이언에게 유튜브가 최고의 영어 홈스쿨링 선생님이 되어준 것처럼 우리에게도 유튜브가 훌륭한 영어 선생님이 될 수 있습니다.

Chapter 2

영어회화를 위한 최고의 플랫폼

유튜브 영어가 유용한 이유

미드나 영화보다
유튜브가 더 좋은 이유

많은 분들이 제게 영어 공부법에 대해 묻습니다. 가장 효과적인 영어 공부법은 뭔지, 어떤 교재가 좋은지, 어떤 선생님을 만나야 하는지 등등. 그런 분들께 제가 자신 있게 권하는 영어 공부법이 있습니다. 바로 유튜브 플랫폼을 활용한 영어 공부입니다.

미국인들은 외국어를 배울 때 유튜브를 가장 많이 활용합니다. 제 주변 미국인 친구들만 봐도 그래요. 유튜브에는 외국어 공부를 위한 콘텐츠가 정말 많아요. 전 세계인이 사용하는 플랫폼이기 때문이죠. 사실상 세상에 존재하는 거의 모든 언어의 영상 콘텐츠가 있다고 해도 과언이 아니에요. 저는 외국어 공부에서 이보다 좋은 교재 풀(pool)은 없다고 생각합니다.

영어를 공부하는 우리에게도 마찬가지입니다. 전 세계에는 6000개가 넘는 언어가 있다고 합니다. 그중 가장 많은 사람이 사용하는 언어는 영어고요. 모국어로만 따지면 중국어 사용자가 14억 명으로 가장 많지만 영어를 외국어로 사용하는 인구까지 합치면 영어 사용자가 15억 명 선이라고 해요. 심지어 인터넷 세계에서는 70퍼센트 이상의 콘텐츠가 영어로 쓰인다고 하고요. 그러니 유튜브에는 영어 콘텐츠가 넘쳐나죠.

실제 유튜브에는 꽤 탄탄한 영어 실력을 가진 분들이 각각의 목적을 가지고 운영하는 채널이 많아요. JTBC〈비정상회담〉에 게스트로 나왔던 에밀 님이 운영하는 '에밀튜브'는 한국인들에게는 낯선 영국 영어를 가르쳐주고, 고등학교 영어 교사이면서 유튜브 채널 '혼공TV'를 운영하는 허준석 님은 교사의 입장에서 좀 더 재미있게 영어 공부를 할 수 있게 하는 콘텐츠를 제작하죠. 제프 한 님은 '제프 비즈 영어' 채널에서 취업 준비생, 사회 초년생, 직장인들을 위한 비즈니스 영어 콘텐츠를 제공하고 있고요. 많은 채널이 신뢰도는 물론 재미까지 갖추고 있습니다. 우리는 그저 자신의 목적에 맞게 하나의 채널을 선택해서 보기만 하면 되죠.

또 유튜브는 영상을 기반으로 하기 때문에 원어민의 표정과 말투, 제스처 등을 직접 귀로 듣고 눈으로 보면서 공부할 수 있습니다. 간혹 영어권 생활을 하는 이들과 같은 환경을 만들겠다는 목표로, 현지 뉴스 채널이나 라디오 방송 등을 하루 종일 틀어놓는 분들이 계세요. 하지만 뉴스나 라디오는 일방적인 정보 전달식의 콘텐츠가 대부분이라서 실제 일상생활에서 말하는 것과는 말투나 어휘, 억양이 많이 다릅니다. 일상의 언어보다 훨씬 정제된 톤이죠. 때문에 활용 가능한 영어 회화 실력을 쌓기에는 다소 한계가 있습니다.

물론 영어에 익숙해지기 위해서는 종류를 막론하고 영어에 대한 노출을 최대한 늘리는 것이 좋습니다. 하지만 그 이상의 일상 회화 실력을 키우고 싶다면 표정과 동작도 다 볼 수 있는 영상을 추천합니다. 그들이 어떤 단어에 강조를 주는지, 그럴 때는 어떤 동작을 하고 어떤 표정을 짓는지를 복합적으로 보면서 습득할 수 있으니까요. 그리고 그걸 보면서 똑같이 따라 해보는 겁니다. 처음엔 어색하고 부끄러울 수도 있지만 뭐, 어때요. 혼자만 있는데요. 그리고 따라 해본 사람만 실전에서 사용할 수 있습니다. 몸으로 익혀야 합니다.

그렇다면 미드나 영화도 영상인데 '왜 하필 유튜브냐'라고 반문할 수도 있을 거예요. 지금부터 왜 미드나 영화보다 유튜브를 추천하는지 말씀드릴게요.

미드와 영화, 애니메이션 등은 많은 사람들이 즐겨 보는 콘텐츠이고, 훌륭한 영어회화 교재로 손꼽힙니다. 방탄소년단 RM이 어린 시절 반복해서 봤다는 영어 공부의 '레전드 오브 레전드' 〈프렌즈〉, 미국 중산층의 소소한 일상을 유쾌하게 그린 '미드'의 바이블 〈모던 패밀리〉 등은 어느 정도 검증된, 영어 공부를 위한 미드입니다. 이런 드라마들은 현지인들의 발음과 표정과 말투는 물론, 문화 전반을 접하게 해주는 좋은 수단입니다. 현지에 가지 않고도 그들의 일반적인 생활상을 볼 수 있으니 더없이 훌륭한 자료라고 할 수 있죠.

  하지만 미드에 나오는 대사가 100퍼센트 리얼한 현지인들의 일상 영어일까요? 한국 드라마를 생각해보세요. 드라마 속 주인공들의 대사가 충분히 이해되고, 의사 전달에도 무리가 없습니다. 하지만 실제로 그들이 하는 말을 일상에서 사용하기에는 어딘가 어색한 느낌이 들 때가 있습니다.

  어쨌든 드라마 대본은 '대중매체'에 나올 수 있도록 다듬어진 말이기 때문입니다. 우리가 가족이나 친구와 나누는 날것 그대로의 대화들이 드라마에 등장하던가요? 그렇지 않죠. 드라마나 영화 속의 인물들은 우리가 평소에는 잘 쓰지 않는 문어체를 씁니다. 또는 좀 더 캐주얼한 표현 대신 정제된 언어를 사용합니다. 일상에서는 "대박!"이라고 말하는 게 훨씬 자연스러운 상황이지만 드라마에서는 "대단한 걸!"이라고 말하는 것과 같은 이치예요. 그런 의미에서 영화와 미드는 아무리 그들의 일상을 리얼하게 담은 작품이라고 하더라도 어쩔 수 없이 그 틀에 맞춰 다듬어진 표현들이 쓰일 수밖에 없습니다.

그에 반해 유튜브 콘텐츠는 브이로그가 됐든 특정 주제를 다룬 영상이 됐든 평범한 사람인 유튜버가 직접 말을 합니다. 자연스럽게 자기가 평소 사용하는 표현이나 어휘들로 말이죠. 친숙하고 자연스러울수록 채널의 인기가 높기 때문에 유튜버들은 더더욱 자신에게 익숙하고 편한 어조로 말을 합니다. 자신의 개인적인 경험담을 아주 일상적인 영어로 풀어내는 도믹스(Domics)나 안드레이 터베아(Andrei Terbea) 같은 유튜버가 대표적이죠. 두 채널은 모두 애니메이션 채널인데 주제가 대부분 일상적인 것들입니다.

저는 원어민들의 리얼한 일상은 미드나 영화가 아닌 유튜브 안에 있다고 생각합니다. 방송보다 자연스럽고, 드라마보다 현실적이죠. 그렇기 때문에 배우고 써먹을 수 있는 활용도 측면에서는 유튜브 영어가 다른 어떤 매체보다 좋습니다. 원어민들의 진짜 영어, 리얼 영어를 유튜브로 미리 경험해보세요. 그러면 실제 외국인을 만났을 때 당혹스러운 느낌이 훨씬 덜할 겁니다.

일대일 맞춤 영어 선생님,
마음껏 소환하다

제가 대치동에서 영어를 가르칠 때는 영상 자료를 많이 활용했습니다. 비즈니스 영어회화가 필요한 학생에게는 비슷한 상황이 묘사된 장면을, 고급스러운 회화 스킬이 필요한 학생에게는 뉴스나 관련 영화 장면을, 미국 대학 입학을 앞둔 학생에게는 인터뷰 스킬을 알려주는 영상 등을 찾아서 보여주는 식이었죠.

미국에 있을 때도 유튜브를 보긴 했지만, 콘텐츠 플랫폼으로서 유튜브의 무한한 가능성을 느낀 것은 강사 시절 다양한 영상 자료를 찾아보면서였습니다. 유튜브에는 정말 없는 것이 없었죠. 하버드 대학교에서 20여 년 동안 학생들 사이에서 최고의 명강의로 손꼽히는 마이클 샌델 교수의 교양 강의 〈정의란 무엇인가? (Justice: What's The

Right Thing To Do?)〉나 예일 대학교 입학사정관이 직접 말해주는 〈예일 대학교 지원 요령(Application Tips from Yale University)〉 등을 볼 수 있는 채널이 어디 있을까요? 저는 유튜브가 유일하다고 생각합니다. 〈예일 대학교 지원 요령〉에는 입학 지원서 작성은 물론, 인터뷰 노하우와 에세이에 필요한 내용 등에 대한 팁이 담겨 있어요. 어디서도 들을 수 없는 고급 정보죠. 이런 종류의 영상은 지금까지 수억 뷰를 자랑할 만큼 많은 이들에게 도움을 주고 있습니다.

제가 영어 강사로 일할 당시, 한국에는 유튜브가 지금처럼 알려지지 않았습니다. 그래서 그런 영상을 활용한 제 강의는 더 인기가 높을 수밖에 없었죠. 사실 누구나 볼 수 있는 자료를 활용했던 것뿐인데도 학생들에게는 제가 엄청나게 재미있고 의미 있는 정보들을 가지고 있는 선생님으로 보였으니까요. 돌이켜보면 제가 영어 강사로 제법 일찍 이름을 알릴 수 있었던 것도 유튜브 덕분이라고 생각합니다. 학생들이 필요로 하는 정보나 지식을 즉각적으로 찾아 제공해주고 이를 저만의 '강점'으로 어필할 수 있었으니까요.

유튜브는 이용자가 필요로 하는 지식과 해답을 즉시 정확히 찾아서 전달해줍니다. 이건 세계적인 검색 엔진인 구글이 유튜브를 운영하기 때문에 가능한 서비스입니다. 굳이 어려운 검색어를 넣을 필요도 없어요. 궁금한 단어를 몇 개 입력하기만 하면 관련 키워드들이 좌

영어회화를 위한 최고의 플랫폼

르륵 나오니까요. 정말 단순한 단어인 'english study'만 쳐도 english study youtube, english study movie, english study vlog, english study animation 등 관련 키워드들이 뜹니다. 구체적인 공부 방법으로 검색하고 싶다면 앞에 how to study만 써보세요. how to study english가 상단에 나옵니다. 그렇게 새로운 채널을 검색하고, 직접 살펴본 뒤에 나와 맞는 콘텐츠들을 보기만 하면 끝입니다.

사실 우리가 영어회화를 배울 수 있는 채널은 무궁무진합니다. 특히나 영어에 대한 관심이 이토록 높은 한국에서는 지금도 꾸준히 새로운 플랫폼이나 학원, 공부법 등이 등장하고 있죠. 그중에서 사람들이 가장 많이 이용하는 방법들과 유튜브가 어떤 차이가 있는지 설명해보겠습니다.

일단 학원은 정해진 시간에 학생이 직접 그곳에 가야 합니다. 전화영어, 일대일 과외도 마찬가지로 정해진 시간에 강의가 이루어집니다. 다들 바빠서 언제 어떤 돌발 상황이 생길지 모르는 상황에서 시간과 공간이 정해져 있다는 것은 우리의 공부를 방해하는 큰 장애물입니다.

그렇다면 언제든 접속이 가능한 인터넷 강의는 어떨까요? 인터넷 강의는 시공간의 제약이라는 단점은 크게 보완한 것처럼 보이지만 콘텐츠가 제한적이라는 한계가 있습니다. 업로드된 강의 영상만 공부할 수 있으니 그 이상의 지식이나 정보를 얻는 데는 무리가 있죠. 특히 내가 궁금한 것만 콕 집어서 물어볼 수 있는 원 포인트 레슨(1 Point Lesson)이 사실상 불가능한 구조입니다.

반면 유튜브는 이용자가 원하면 언제, 어디서든 접속이 가능합니다. 게다가 '유튜브 안에 세상이 있다'고 할 만큼 자료의 양도 방대해요. 이용자가 필요하거나 궁금한 것이 있으면 뭐든 찾아줍니다. 궁금한 것을 키워드로 치면 관련 내용을 다룬 영상과 자료들이 줄지어 나오죠. 우리는 그냥 그중에서 보고 싶은 영상을 고르기만 하면 됩니다.

한 명의 선생님에게 배우는 것과 100명의 뛰어난 전문가에게 배우는 것 중에 어느 쪽이 좋을지는 굳이 말하지 않겠습니다. 내 수준과 필요에 꼭 맞는 채널(강사)을 선택할 수 있고, 원하는 콘텐츠를 얻을 수 있으며(내용), 언제 어디서든(시공간의 자유) 들을 수 있다는 것. 이게 바로 유튜브로 영어를 공부할 때의 가장 큰 매력이자 강점이라 할 수 있습니다.

영어회화를 위한 최고의 플랫폼

유튜브에서만 접할 수 있는
양질의 콘텐츠

요즘 가장 많이 받는 질문 중 하나는 '어떻게 하면 유튜버가 될 수 있나요?'입니다. 유튜브 검색만 해봐도 많은 사람들이 크리에이터가 되는 법, 유튜브 콘텐츠 만드는 법 등에 대해 궁금해한다는 걸 쉽게 알수 있어요. 유튜브의 시조새(?)라 불리는 대도서관 님의 책《유튜브의 신》이 베스트셀러가 된 것도 같은 이유 때문이죠.

나름 꾸준히 유튜브를 해왔고, 22만 명의 구독자를 두고 있는 제가 드릴 수 있는 그나마의 비법이 있다면 콘텐츠를 정말 고민하고 공들여서 만들어야 한다는 것입니다. 사실 이 비법(?)은 모든 유명 유튜버들의 조언이기도 해요. 제대로 된 콘텐츠를 만들어라!

제대로 된 콘텐츠 하나를 만들기 위해 정말 많은 수고와 시간, 노력

이 필요합니다. 우선 제가 콘텐츠를 만드는 과정을 간단히 설명해드
릴게요. 일단 전 항상 카메라를 들고 다닙니다. 좋은 장비가 됐든, 스
마트폰이 됐든, 습관적으로 언제 어디서나 영상을 찍을 만반의 태세
를 갖추고 있죠. 희소성 있는 콘텐츠란 머리를 쥐어짜서 나오는 경우
도 있지만 상당수는 계획하지 않은 상황에서 나오기 때문에 늘 카메
라를 가지고 다니다가 '이거다!' 싶을 때 주저 없이 REC 버튼을 눌러
야 합니다.

돌발 영상을 제외하고 일반적인 콘텐츠는 대개 기획과 구성안을
먼저 만듭니다. 콘텐츠는 크게 일상을 담은 브이로그나 다양한 리뷰
영상, 영어 공부와 관련된 영상으로 나뉩니다. 그 주의 이슈나 상황에
따라 시의성 있는 주제를 선정해 영상을 제작하기도 합니다. 때로는
가족이나 친구가 등장하기도 하고, 주제에 따라 인터뷰이를 섭외해
제가 직접 인터뷰를 진행하기도 합니다. '영공공' 같은 콘텐츠가 대표
적이죠.

이렇게 대략의 기획안이 완성되면 본격적인 촬영에 돌입합니다.
여러분이 보시는 10분 남짓의 짧은 영상을 만들기 위해 최소 2~3시
간은 촬영을 합니다. 우리가 TV에서 보는 한 시간 분량의 예능 한 편
을 찍기 위해 보통 하루 종일 촬영한다고 하잖아요. 그것과 마찬가지
입니다. 짧은 시간에 임팩트 있는 콘텐츠를 만들기 위해서는 충분한

소스를 만들어야 해요. 과장을 조금 보태면 거의 하루 24시간 내내 카메라가 돌아간다고 보시면 되지요.

촬영이 끝나면 바로 영상의 꽃인 편집에 돌입합니다. 제가 영상의 꽃이라고 부르는 이유는 전체 과정 중에서 편집에 가장 많은 수고가 들어가기 때문이에요. 영상을 찍은 다음 어떻게 다듬느냐에 따라 콘텐츠의 재미와 퀄리티가 달라집니다. 똑같은 영상도 어디를 잘라내고, 어떤 음악을 입히고, 어떻게 자막을 넣느냐에 따라 분위기와 내용이 판이하게 달라지죠. 국내의 대표적인 스타 피디인 나영석 피디가 엄청난 액수의 연봉을 받는다는 기사를 한 번쯤 보셨을 거예요. 대본은 작가가 쓰고, 촬영은 카메라 감독이 하는데 왜 그의 몸값이 그렇게 비싼 걸까요? 기획 아이디어가 좋아서? 유명한 배우들을 잘 섭외해서? 어느 정도는 맞는 말이지만, 그게 전부는 아닙니다.

기획, 섭외, 촬영 등 하나의 방송을 만들기 위한 수많은 세부 업무는 전담 스태프들이 수행하지만 결국 이 모든 것을 컨트롤하고 하나의 방향으로 이끌어가는 것은 피디의 역량이에요. 나영석 피디의 프로그램이 인기가 많은 건, 모든 스태프들의 노력도 한몫했겠지만, 무엇보다 피디의 디렉션이 뛰어나기 때문입니다. 그것이 바로 디렉터의 진짜 중요한 역할이고요. 무엇보다 디렉터의 실력이 절묘하게 드러나는 분야가 바로 편집입니다.

저도 촬영만큼이나 편집에 많은 공을 들입니다. 저 같은 경우 콘텐츠마다 조금씩 차이가 나기는 하지만 편집 시간이 보통 1분당 한 시간 정도가 소요됩니다. 영상의 길이가 15분이라면, '15시간 정도 편집했겠구나'라고 생각하시면 돼요. 영상을 보는 입장에서는 2~3초가 눈 깜짝할 사이에 지나가지만 영상을 만드는 입장에서는 2~3초를 빈틈 없이 채우려면 그만큼 꼼꼼하고 디테일한 작업들을 해야 하죠. 평소 리스트업해두었던 노래를 배경음악으로 깔고, 자막을 입히고, 다채로운 영상 효과까지 넣으면 어느 정도 큰 틀이 완성됩니다.

처음에는 이 모든 작업을 저 혼자 했지만 채널이 커지고 영상 수가 늘면서 지금은 스태프 한 명의 도움을 받고 있습니다. 두 사람이 하루 종일 편집해야 겨우 하나의 영상이 나오죠. 거기에 기획 및 구성 단계와 촬영 시간까지 더하면 제대로 된 영상 하나를 만드는 데는 꼬박 2~3일 정도가 소요됩니다.

뜬금없이 유튜브 콘텐츠를 만드는 과정에 대해 설명한 것은 유튜브의 또 다른 장점, 바로 '경제성'을 얘기하기 위해서입니다. 우리는 무언가를 배울 때 돈을 지불합니다. 하물며 평생의 소원인 '영어 마스터'를 위해서라면 적게는 몇만 원에서부터 몇십만 원까지 서슴지 않고 지불하죠. 그런데 유튜버들이 이토록 공들여 만든 수많은 콘텐츠들은 모두 무료입니다. 내가 원하면 언제 어디서든 마음껏, 무제한으

영어회화를 위한 최고의 플랫폼

로 즐길 수 있죠. 엔터테인먼트에서부터 어학, 여행, 실용, 비즈니스까지 분야도 넓고, 깊이도 다양해요.

그런데 최근 유튜브도 서비스를 다각화하며 유료 버전을 내놓았어요. '유튜브 프리미엄'이 바로 그것이죠. 월 7900원을 내고 유튜브 프리미엄에 가입하면 영상 중간중간에 나왔던 광고 없이 콘텐츠를 볼 수 있어요. 또 안드로이드의 경우 유튜브 앱을 끄더라도 팝업창으로 영상을 계속 볼 수 있습니다. 좋아하는 음악 채널을 들으면서 다른 앱이나 업무를 볼 수 있는 것이죠. 유튜브 오리지널 콘텐츠(인기 크리에이터의 오리지널 시리즈와 영화 등)도 볼 수 있고요.

이처럼 별도의 유료 버전이 있기는 하지만 기본적으로 유튜브는 이용료 없이 마음껏 즐길 수 있습니다. 할리우드 톱스타의 브이로그도 볼 수 있고, 세계적으로 유명한 음악가의 라이브 연주도 볼 수 있습니다. 천재 수학자의 수학 이론에 관한 설명도 있습니다. 그리고 제가 강조하고 싶은 그것, 바로 양질의 영어 콘텐츠들도 있습니다.

가령 구독자 100만 명이 넘는 '올리버쌤' 채널은 미국 출신의 영어 강사 올리버 님이 운영하는 대표적인 영어 콘텐츠 채널입니다. 올리버 님은 한국의 초등학교와 중학교에서 영어 교사로 일하다 유명한 유튜버가 된 케이스입니다. 주로 한국인이 잘못 알고 있는 영어 표현을 바로잡아주고, 우리가 잘 몰랐던 미국에 대한 배경 지식이나 문화를 알기 쉽게 설명해주죠.

구독자 수가 32만 명인 '마이클 엘리엇(Michael Elliott)' 채널도 '올리버쌤'처럼 원어민이 한국말로 하는 영어 강의 채널입니다. '원어민들이 매일 쓰는 표현 100', '원어민이 직접 뽑은 영어회화 유형 100가지' 등의 콘텐츠를 통해 영어의 어원까지 설명해주는 친절함 때문에 초보들도 쉽게 볼 수 있는 채널입니다.

이처럼 유튜브에는 돈을 내고 강의를 들어도 전혀 아깝지 않을 만한 양질의 영상을 만드는 유튜버들이 아주 많아요. 영어 콘텐츠가 다소 지루하게 느껴진다면 자신의 관심사나 좋아하는 분야에서부터 시작해보는 것도 좋은 방법입니다.

앞에서 잠깐 언급했던 유튜버 워드가즘 님은 자신이 좋아하는 사진에 대해 좀 더 자세히 알고 싶어서 유튜브를 보다가 결국 영어까지 마스터하신 분이지요(자세한 인터뷰 내용은 5장을 참고하세요). 이분은 사진과 관련된 자료를 찾아보다가 영어를 알면 훨씬 더 많은 양질의 정보를 얻을 수 있다는 사실을 깨닫고 본격적으로 영어를 공부한 케이스입니다. 지금은 사진만큼이나 언어가 주는 확장성에 큰 관심을 가지고 자신의 콘텐츠를 만들고 있죠.

처음부터 굳이 영어 공부로 접근하지 않아도 좋아요. 내가 좋아하는 것만 파헤쳐도 눈에 보이지 않는 영어 실력이 쌓여갑니다. 게다가

돈을 내지 않고도 지금 당장 이용할 수 있으니, 주저할 이유가 없습
니다.

채널을 선택하는 방법과
꼭 피해야 하는 채널

유튜브에는 정말 많은 콘텐츠와 다양한 종류의 영상이 공존합니다. 그중 나한테 잘 맞는 채널을 찾는 것도 영어 공부의 중요한 포인트지요. 구체적인 추천 채널은 3장에서 소개하는 것으로 하고, 여기서는 유튜브와 더 친해지기 위한 채널 선택 노하우를 말씀드릴까 합니다.

유튜브를 백 배 활용하기 위해서는 일단 유튜브의 가장 강력한 힘, 바로 콘텐츠의 매력을 몸소 느끼는 것이 가장 좋습니다. 그러려면 꾸준히, 계속 찾게 되는 채널 리스트를 구축하는 것이 가장 빠른 방법입니다.

나만의 채널 리스트를 만들 때, 첫 번째로 고려할 요소는 채널을 운영하는 유튜버가 얼마나 나와 코드가 잘 맞느냐입니다. 당장 유튜브에서 어떤 채널을 봐야 할지 모르겠다는 분들에게 저는 '당신에게 깊은 인상을 남긴 유튜버를 찾으라'고 말합니다. 그 사람의 목소리, 말투, 제스처 등을 보고 본능적인 끌림이나 호기심을 느껴야 그 채널을 좋아할 수 있게 되거든요. '좋은 느낌'은 언어를 몰라도 충분히 느낄 수 있습니다. 정이 가야 자주 보고 싶고, 자주 봐야 영어가 늘어요.

이렇게 호감을 주는 유튜버를 찾았다면 그다음에는 그 사람이 주로 어떤 주제로 콘텐츠를 만드는지, 그 주제에 어떤 방식으로 접근하는지, 어떤 가치관을 지녔는지 살펴보세요. 가령 나는 음식에 별로 관심이 없는데 먹방을 자주 올리는 유튜버가 있다면 그 채널에 흥미를 느끼기 힘들 거예요. 또 영화를 별로 좋아하지 않는데 영화에 대한 리뷰를 자주 올린다면 아무리 매력적인 유튜버라도 콘텐츠 자체에 대한 흥미가 떨어지거나, 영상을 보는 것 자체가 지루할 수 있습니다. 이왕이면 나의 취미나 관심사 등이 연결되면 아주 좋아요.

목적에 따라 여러 채널을 구독하는 것도 좋은 방법입니다. 내 취미나 관심사에 대한 지적 호기심을 채워주는 채널, 순전히 재미 때문에 보는 채널, 유익한 정보를 주는 채널, 유익하지는 않지만 유튜버의 발음이나 억양이 또박또박하고 뚜렷해서 영어가 잘 들리는 채널을 각각 '구독'하고 그때그때 필요에 따라 선택해서 보는 거죠.

제가 개인적으로 좋아하는 채널들을 소개해볼게요. 저는 주로 원어민들이 운영하는 채널들을 즐겨 봐요. 영어에 대한 감각을 유지하는 데도 도움이 되지만, 콘텐츠의 질적인 면에서도 많이 앞서가기 때문이에요. 그중에서도 '도믹스'는 아주 일상적인 주제를 애니메이션으로 풀어내는 채널입니다. '주차를 하다가 누군가에게 주차 자리를 뺏긴 경험', '중국어를 배우다가 목숨의 위협을 느낀 경험' 등 지극히 사적인 경험을 아주 재미있게 풀어내죠. 과도한 슬랭이나 지역어가 없는데다 한국에서 배울 수는 없지만 현지 미국인들은 다 알고 있는 일상화된 표현들을 많이 사용하는 것이 특징이에요. 순도 100퍼센트의 현지인 영어를 접하기에 딱 좋은 콘텐츠입니다.

'스우지(sWooZie)'는 자신의 경험담을 맛깔스럽게 전달하는 유튜버입니다. 이 채널의 영상을 보고 있으면 저도 모르게 키득키득 웃게 되죠. 수많은 일상의 경험 중에 특히 자신의 연애담을 많이 풀어놓는데, 유용한 영어 표현뿐만 아니라 실제 연애에 적용할 만한 연애 생존 팁(?)이 의외로 쏠쏠합니다. 재미로 치면 최고의 채널이지만 슬랭이나 말장난이 많아 영어를 비교적 잘하는 사람들에게 주로 추천합니다.

이렇게 자신이 좋아하는 채널 리스트를 한두 개씩 만들다 보면 서서히 유튜브에 빠지기 시작하고, 어느덧 중독에 가까울 정도로 유튜브를 가까이하게 됩니다. 학원, 인터넷 강의, 전화 영어, 과외, 애플리

영어회화를 위한 최고의 플랫폼

케이션 등 그 무엇에도 중독될 수는 없지만 유튜브는 자꾸 꺼내 보게 만드는 마력이 있어요. 재미있으니까요! 어떤 광고에 이런 문구가 나오더라고요. '좋아하는 힘이 곧 잘하는 힘'이라고요. 유튜브 영어가 그렇습니다.

하지만 여기에는 한 가지 치명적인 함정이 있습니다. 바로 나쁜 중독입니다. 좋은 중독은 영어 실력 향상이라는 긍정적인 효과를 낳겠지만, 그다지 질이 좋지 않은 콘텐츠를 단지 재미있다는 이유로 계속 보다 보면 영어 실력이 향상되기는커녕 되레 안 좋은 문화나 가치관에 물들 수 있기 때문에 주의가 필요합니다.

피해야 할 영어 콘텐츠 유형

❶ 자극적인 포맷

자신이 원하는 콘텐츠를 마음껏 만들 수 있는 것이 1인 크리에이터의 장점이지만, 영어 공부를 할 때는 지나치게 자극적인 포맷의 콘텐츠는 피하는 것이 좋습니다. 길 가는 사람들을 무턱대고 불러 세우고 인종 차별적인 질문을 한다든지, 깜짝 카메라라는 콘셉트로 아주 무례한 상황을 연출하고 상대의 반응을 보는 식의 포맷에서는 사용하는 언어 역시 부적절할 수 있기 때문에 공부하는 입장에서는 적합하지 않습니다.

❷ 지나치게 일상과 동떨어진 주제

유튜브에서 채널이나 영상을 선택할 때는 내가 충분히 공감할 만한 주제를 다룬 콘텐츠들이 좋습니다. 단순히 재미가 아니라 영어 공부를 목표로 하는 영상이라면 더더욱 그렇죠. 아무리 좋아하는 장르라고 하더라도 CSI 수사물이나 법정 드라마를 보면서 일상적 영어 표현을 익히기는 어렵습니다. 또 지나치게 선정적 주제들도 피하는 것이 좋아요. 성(性), 총기, 범죄 등과 관련된 영상은 과도한 욕설 등 비일상적 언어를 주로 사용할 가능성이 높기 때문에 영어 공부용 콘텐츠로는 적합하지 않습니다.

❸ 비상식적인 메시지

유튜브가 우리 일상의 메인 플랫폼으로 자리 잡으면서 최근 조회 수 늘리기에 혈안이 된 유튜버들이 덩달아 쏟아지고 있습니다. 지나치게 선정적이거나 자극적인 영상, 또는 인종이나 문화 차별적 메시지 등이 그렇죠. 더도 말고 덜도 말고 딱 자신의 상식 수준에서 눈살을 찌푸리게 하는 유튜버나 영상들은 가급적 피하세요. 조금이라도

'어?' 하고 물음표가 생긴다면 그 채널은 피하는 것이 좋습니다. 그것 말고도 다른 좋은 채널과 영상이 얼마든지 있으니까요.

날라리데이브의
10년 티칭 노하우 공개

유튜브 동영상 조회 수는 보통 채널 구독자 수의 10퍼센트 수준만 나와도 '평타'라고 하는데요, 제 채널에서 무려 구독자 수의 10배에 달하는 202만 조회 수를 기록한 영상이 있습니다. 바로 '6개월 안에 원어민이 될 수 있는 다섯 가지 팁, 날라리데이브 10년 티칭 노하우 공개'입니다.

1. 지속 가능한 공부법을 찾아라

제가 학생들에게 가장 중요하게 강조하는 것이 바로 '지속 가능한 영어 공부'입니다. 언어 공부는 매일 해야 실력이 늡니다. 이건 불변의 진리예요. 이를 위해서는 여러분이 매일 접하는 가장 익숙한 플랫폼에서 콘텐츠를 찾는 것이 가장 좋습니다. 만약 넷플릭스를 매일 본다면 넷플릭스에서 영어 공부를 할 수 있는 방법을 찾아야 하고, 저처럼 유튜브를 매일 한두 시간씩 본다면 유튜브 안에서 영어를 배울 만한 콘텐츠를 찾는 것이 좋겠죠.

영어회화를 위한 최고의 플랫폼

원어민 수준의 영어회화 실력을 갖추고 싶다면 앞으로 최소한 수 년간 공부한다는 마음가짐으로 꾸준히, 스스로 즐기면서 영어를 접할 수 있는 플랫폼이나 콘텐츠를 찾는 것이 중요합니다. 지속 가능한 영어 공부는 초반에 실력을 쌓을 때도 필요하지만, 어느 정도 목표를 달성한 이후에도 필요하기 때문이에요. 언어 공부에는 끝이 없고, 하지 않으면 금세 까먹거든요.

2. '즐거움'을 포기하지 마라!

지속 가능한 공부와 함께 제가 또 하나 중요하게 생각하는 것이 바로 'Fun', 재미예요. 사실 지속 가능성과 즐거움은 서로 밀접하게 연결되어 있습니다. 재미있고 즐거워야 계속할 수 있으니까요. 내가 좋아하고 즐길 수 있는 콘텐츠를 찾으면 자연스럽게 '지속 가능한 영어 공부'도 가능해집니다. 물론 영어를 위해 어느 정도의 즐거움을 포기하는 결단력도 필요할 때가 있어요. 하지만 즐거움의 요소를 아예 배제하고 학습적으로만 접근한다면 어느 순간 한계에 부딪힐 거예요. 웬만한 인내심과 목표가 없다면 말이에요.

3. 좋은 콘텐츠를 고르는 노하우

우선 콘텐츠를 고를 때 꼭 고려해야 하는 조건은 바로 '내 영어 수준에 맞는가'와 '내가 얼마나 공감할 수 있는가'입니다. 공감할 수 있는 영상이어야만 몰입할 수 있습니다. 아무리 영어 공부에 좋은 영상이라 하더라도 내가 공감하지 못하면 몰입도는 그만큼 떨어질 거예요. 물론 100퍼센트 공감하고 몰입할 수 있다고 해서 모두 좋은 영어 교재는 아닙니다. 예를 들어 〈데드풀〉 같은 영화는 두 시간 내내 배

꼽 잡고 웃으면서 볼 수 있지만, 대사에는 거의 배울 게 없어요. 이 영화에 나오는 대사들은 원어민들조차 일상에서 잘 쓰지 않는 것들이거든요. 들이는 시간에 비해 쓸 만한 영어를 배우기는 어려우니 효율적인 콘텐츠가 아니죠. 반면 〈굿 윌 헌팅〉 같은 영화처럼 몰입하고 심리적으로 공감할 수 있으면 배울 것도 많죠.

그리고 이왕이면 라디오나 팟캐스트보다 영상 콘텐츠가 훨씬 좋습니다. 사람의 표정, 상황, 분위기를 눈으로 보면서 말을 배우는 것이 훨씬 효과적이기 때문이에요.

4. 노트는 효율적으로 하라

영상을 보며 외워야 하는 표현이나 단어를 노트할 때는 '적당히 대충' 하는 요령이 필요합니다. '적당히 대충'이란 보고 듣는 것을 대충 하라는 것이 아니라 영상에 나오는 모든 표현을 노트하고, 섀도잉할 필요는 없다는 말이에요(섀도잉 공부법에 대해서는 4장을 참고하세요). 일상에서 자주 쓰지 않는 전문적인 용어나 너무 긴 설명들은 대략 내용만 파악하고 넘어가도 괜찮습니다. 그것에 영어 실력이 좌우되지는 않으니까요.

우선 한글 자막으로 콘텐츠의 대략적인 내용을 파악한 뒤에 자막 없이 시청하면서 들리는 문장, 표현들을 따라 적으세요. 그다음 들리지 않는 부분들 위주로 자막을 켜고 노트를 하세요. 그리고 다시 자막을 끄고 노트했던 표현들 위주로 듣기를 몇 번 반복합니다. 그렇게 하다 보면 어느 순간 그 영상에서 나오는 일상 표현들이 다 들리게 됩니다.

영어회화를 위한 최고의 플랫폼

5. 섀도잉은 뼈대부터 먼저 만들어라

많은 사람들이 섀도잉할 때 들리는 대로 따라 말하기에 집중합니다. 하지만 제가 학생들에게 섀도잉 훈련을 시킬 때 강조하는 것은 단어나 발음이 아닌 리듬과 호흡입니다.

처음에는 허밍으로 억양만 따라 말하세요. 원어민의 속도로 단어를 '다다다다' 말하는 것에 집착하지 마시고요. 이 리듬과 억양, 그리고 호흡이 영어를 말할 때 가장 중요한 뼈대입니다. 여기에 살을 붙이는 과정이 바로 '단어'를 붙이는 거예요. 단순히 단어를 따라 말하는 섀도잉보다 시간은 조금 더 오래 걸릴 수 있지만 결과적으로는 훨씬 더 효율적이고 원어민들의 톤과 억양을 체득하는 데 효과적일 거예요.

Chapter 3

유튜브 영어 4단계 플랜

유튜브 채널을 활용한 단계별 영어 공부법

유튜브 영어의
성패를 좌우할 4가지 룰

아마 독자분들중에는 이미 유튜브로 영어 공부를 하고 있는 분이 많으실 겁니다. 아니면 예전에 유튜브로 영어 공부를 하다가 그만둔 분들도 있겠지요. 유튜브로 영어 공부를 해보니 어떻던가요? 잘되던가요? 혹시 유튜브로 영어 공부를 하다가 그만두었다면 어떤 이유 때문인가요?

유튜브를 이용한 영어 공부는 소수만을 위한 특별한 공부법이 아닙니다. 하지만 정확한 목표 설계와 체계가 없으면 실패하기 쉬운 공부법이기도 하죠. 많은 분들이 실패하고는 저에게 상담을 요청했으니까요.

유튜브 영어 공부에는 중요한 포인트가 있습니다. 말하자면, '유튜브 영어 공부 룰'이죠. 유튜브를 이용한 영어 공부는 혼자 하는데다가 유튜브에는 공부를 방해하는 수많은 콘텐츠가 있기 때문에 룰을 정해 놓고 따르지 않으면 실패할 확률이 아주 높아요. 그래서 유튜브로 영어를 공부하기로 했다면 이제부터 말씀드릴 룰을 꼭 지켜야 합니다.

1. 미리 자신의 한계를 짓지 마라

본격적으로 영어 공부에 대해 말씀드리기 전에, 조금은 '꼰대'스러울 수도 있지만 '마인드셋(mindset)'에 대해 먼저 얘기하고 싶어요. 종종 이렇게 묻는 분들이 있습니다. "유튜브로만 공부해서 진짜 원어민처럼 될 수 있나요?" "원어민처럼 영어를 하려면 결국 어학연수나 유학을 가야 하지 않나요?" "현지인들과 직접 만나지 않고 영어를 공부하는 데는 한계가 있지 않나요?"

저는 영어 공부를 하면서 학습 환경을 따지는 것은 무의미하다고 생각합니다. 흔히들 돈 많은 사람이 영어도 잘할 수 있다고 생각합니다. 비싼 과외 선생님이나 원어민 선생님에게 일대일 과외를 받고, 어학연수를 가고, 시시때때로 영어권 국가로 여행을 떠난다면 영어를 못하려야 못할 수가 없다는 거죠. 물론 그러면 쉽고 빠르게 영어가 늘 수도 있겠죠. 하지만 경제적 조건이나 환경이 영어 실력을 100퍼센트 보장하는 것은 아닙니다.

저는 현재 전문 강사로 활동하지는 않지만 몇 명에게 개인 과외 수업은 하고 있습니다. 그중에는 이름만 대면 알 만한 연예인들도 있어요. 요즘에는 해외 활동과 자기 계발을 위해 영어에 욕심을 내는 연예인이 늘어나고 있거든요. 저는 이왕 시작한 수업이니 좋은 결과를 만들어주고 싶다는 생각에 강사 시절의 기억을 살려가며 커리큘럼도 짜고 열심히 수업을 준비했죠.

각자 공부한 기간은 조금씩 차이가 있지만 일곱 명 남짓한 연예인 중에 서너 명은 아쉽게도 6개월 이상 지났는데도 영어 실력이 크게 향상되지 않았어요. 적지 않은 돈을 들여서 개인 과외까지 하는데도 왜 실력이 늘지 않았을까요? 가장 큰 이유는 학생들이 너무 바빠서 저와 만나는 시간 외에는 따로 공부를 하지 못했다는 것이었어요. 그나마 다들 영어에 대한 열정은 있어서 저와의 만남은 꾸준히 이어가고 있지만, 그게 전부였던 것이죠. 모두가 탐낼 만한 영어 공부 환경을 갖추고도 전혀 성과를 내지 못한 경우였습니다.

반면에 제가 '영공공' 시리즈에서도 인터뷰했던 유튜버 코리언빌리(KoreanBilly) 님은 조기 유학이나 어학연수 없이 오로지 한국에서만 공부했습니다. 스물다섯 살에 6개월간 교환학생으로 영국에 갔지만 이미 그전부터 영어는 수준급이었죠. 코리언빌리 님은 지금 영국인에게 영어를 가르치는 유튜버가 되었습니다. 유튜브 채널 '코리언빌리'를 운영하면서 영국 사람보다 더 영국인스럽게 사투리를 구사해 '영국 지방 사투리를 가르쳐주는 토종 한국인'이라는 타이틀로 BBC방송에까지 출연했습니다.

그가 영어를 잘할 수 있었던 건 오로지 영어라는 언어에 대한 순수한 호기심과 열정 덕분이었어요. 부산에서 자란 코리언빌리 님은 어린 시절 영국 영어의 매력에 빠져서 혼자 영국 영화·드라마·음악을 찾아보고 들으면서 영어를 익혔습니다. 그에게 원어민 과외 선생님이나 값비싼 영어 교재는 없었습니다.

현재의 환경과 조건을 가지고 미리 한계를 짓지 마세요. 아무리 훌륭한 일대일 영어 과외 선생님을 붙여도, 미국에서 가장 유명한 어학원으로 어학연수를 가도 자신의 의지나 노력이 없으면 영어는 늘지 않습니다. 당연한 말 같지만, 걱정과 의욕만 앞세운 채 제대로 실천하지 않은 수많은 학생을 지켜봐온 저로서는 가장 먼저 강조하고 싶은 것이 바로 '마인드'입니다. 현재 내 실력과 환경에 대한 불안감을 떨쳐버리세요. 정확한 목표와 방법이 있다면 누구든지 영어를 잘할 수 있습니다.

2. 하루 최소 2시간 이상 영어를 들어라

하루 최소 두 시간 이상은 영어에 노출되어야 원하는 목표에 도달할 수 있습니다. 두 시간은 결코 짧은 시간이 아닙니다. 바쁜 직장인이라면 더더욱 그렇죠. 하지만 단기간에 원어민과 가벼운 대화를 나눌 수 있을 정도로 영어 실력을 늘리고 싶다면 이 정도 시간은 투자해야 합니다. 제가 수년간 많은 학생들을 가르쳐보니 물리적인 시간 투자 없이 영어 실력을 키울 수 있는 요령이나 비법은 없었습니다. 무조건 최대한 시간을 할애해 듣고 말하는 것이 최선의 방법이었어요.

욕심 같아서는 하루 두 시간 정도는 영어에 온전하게 집중하기를 권장합니다. 출퇴근길 30분, 친구를 기다리며 10분, 틈틈이 쉬며 10분씩 시간을 쪼개서 활용해도 됩니다. 유튜브 콘텐츠의 특성상 10~20분 내외의 짧은 영상이 많기 때문에 자투리 시간을 활용하기에 좋습니다. 긴 영상도 짧게 끊어서 보는 것이 가능하죠. 한 번에 볼 수 있는 시간이 줄어드는 만큼 집중도도 높아질 거예요. 단 공부를 하는 시간에는 온전히 그것에만 집중하세요. 대충 흘려 듣고, 훑어보는 식의 두 시간 공부보다는 몰입해서 하는 한 시간이 훨씬 효과적입니다.

유튜브에는 브이로그, 드라마, 강연, 여행, 문화 등 다양한 카테고리의 콘텐츠가 있기 때문에 좀 더 다이내믹한 공부를 할 수 있어요.

유튜브로 놀고 즐기는 시간은 마음껏 갖되, 공부하는 마인드로는 최소한 두 시간 이상 투자하시길 바랍니다.

그렇다고 두 시간을 채워야 한다는 강박 때문에 영화 한 편을 틀어놓고 가벼운 '노출 효과'만 노리는 것은 영어 실력을 향상시키는 데 도움이 되지 않습니다. 집중해서 듣고 말하지 않는 영어는 그저 '오늘도 영어 공부를 했다'는 마음의 위안만 될 뿐, 실제 영어 실력에는 그다지 도움이 되지 않거든요. 특히 영화나 미드는 스토리나 영상 자체에 집중력을 빼앗길 수 있기 때문에 '공부용'으로 시청하는 것이라면 특히 듣기와 표현에 신경 써서 봐야 합니다.

3. 자막을 효율적으로 활용하라

유튜브 영어 공부의 많은 장점 중에 하나로 자막을 꼽습니다. 유튜브는 한글이든 영어든 내가 설정만 하면 영상 속의 소리를 문자로 변환해 자막으로 보여줍니다. 유튜브로 공부를 하면서 이 자막 기능을 활용하지 않는다는 건 마치 스마트폰으로 전화와 문자만 하는 것과 마찬가지예요. 유튜브의 묘미이자 핵심 기능을 놓치고 있는 것이죠.

영화나 미드는 한글 자막과 영어 자막을 따로 찾아야 하고, 또 이를 영상에 적용하려면 번거로운 과정을 거쳐야 합니다. 출력된 대본이라면 화면과 텍스트를 일일이 대조해가며 봐야 하기 때문에 공부 효율이 떨어지죠. 이에 반해 유튜브는 간단히 메뉴만 조작하면 바로 자막이 생성됐다가, 또 자막을 끌 수도 있습니다. 해당 영상의 자막이나 대본이 있는지 없는지 굳이 신경 쓸 필요도 없죠. 마음이 바쁜 학습자들에게 이보다 편리한 도구는 없습니다.

그럼 유튜브로 영어 영상을 본다고 가정해볼게요. 처음에는 전체적인 내용과 흐름을 파악해야 하기 때문에 한글 자막이 있는 영상을 봐야 합니다. 해당 콘텐츠가 어떤 주제를 어떻게 풀어가는지 내용을 알아야 나중에 영어 표현과 우리말 해석을 연결해서 공부할 수 있으니까요. 특히 영어 초보자라면 한글 자막이 있는 영상으로 시작하는 것을 권장하지만, 도전 정신을 가지고 영어로만 된 콘텐츠에 도전하는 것도 나쁘지 않습니다. 이때는 영상만 봐도 대략 내용을 이해할 수 있는 애니메이션이나 스토리 위주의 콘텐츠를 추천해요. 테드(TED)처럼 주제 자체를 심도 있게 다루거나 대화가 계속 이어지는 콘텐츠는 어쩔 수 없이 표현 수준이 높아질 수밖에 없기 때문에 가급적 피하는 것이 좋아요.

이렇게 내용을 파악한 뒤에는 영어 자막을 켜고 영상을 다시 봅니다. 이때부터가 중요해요. 앞서 한글 자막으로 봤던 한국말 표현이나 단어 등이 어떻게 영어로 쓰이는지 자세히 살펴봐야 하니까요. 가능하다면 영어 자막 중에 필요한 부분을 따로 노트에 써서 외우는 것이 좋습니다. 귀로는 들으랴, 손으로는 메모하랴, 처음에는 정신없을 거예요. 캡처가 됐든, 메모가 됐든, 각자 편한 방식으로 하면 됩니다. 포인트는 이 단계에 공을 들여야 다음 단계가 쉬워지고, 영어 실력이 쑥쑥 는다는 사실입니다.

　마지막에는 모든 자막을 끄고 영상만 봅니다. 이미 한글로 내용을 파악하고, 영어 표현까지 한 번 정리했기 때문에 신기하게도 처음에는 안 들렸던 영어 단어나 표현들이 들리기 시작합니다. 알고 듣는 것과 모르고 듣는 것의 차이죠. 만약 이 단계에서도 안 들리는 부분이 있다면 다시 영어 자막부터 보면서 반복하세요. 여러 영상을 많이 보는 것보다 하나의 영상을 여러 번 제대로 보는 것이 기초를 탄탄하게 쌓는 데는 더 큰 도움이 됩니다.

4. 실현 가능한 단기 목표를 세워라

다시 한번 목표에 대한 이야기입니다. 실제로 영어회화 공부의 효과를 보기 위해서는 분명한 동기와 목표가 있어야 합니다. 그저 '한번

해볼까?'라는 마음으로 시작한다면 꾸준히 하기가 힘들어요.

초보라면 단기적인 목표를 세울 것을 추천합니다. 제가 초보자에게 제안하는 목표는 '6개월 안에 원어민과 스몰 토킹'을 하는 거예요.

스몰 토킹을 목표로 잡은 것은 소통의 가장 기본 단계이기 때문입니다. 엘리베이터에서 우연히 만난 사람과도 가볍게 인사를 나누는 것이 일상화된 미국에서는 '스몰 토킹' 문화가 발달했어요. 아주 가볍고 일상적인 주제로, 식당이나 커피숍, 엘리베이터 등에서 짧게 대화를 나누죠. 주로 날씨에서부터 음식, 출신지, 여행 등에 이르기까지 서로에 대해 전혀 몰라도 대화의 주제가 될 만한 것들로 이야기를 이어나갑니다. 이런 가벼운 주제들로 원어민과 이야기를 이어갈 수 있다면 일단 원어민 수준까지 가기 위한 아주 기본적인 스텝은 갖추었다고 보면 됩니다.

사실 스몰 토킹이라는 것이 칼로 자르듯 정해져 있는 것이 아니라서 사람마다 생각하는 범위가 제각각이에요. 예를 들어 제가 현지에서 원어민들과 나누는 스몰 토킹을 초보자들이 듣는다면 '저 말들을 6개월 안에 할 수 있다고?'라며 말도 안 된다고 생각하실 겁니다. 반면 엘리베이터에서 가벼운 눈인사를 하다가 다음과 같이 이어지는 스몰 토킹을 본다면 '이거 너무 쉬운 거 아니야?'라고 생각하실 수도 있어요.

A: Where are you from? _어디서 왔어?

B: Me? I'm from Korea. _나? 한국에서 왔어.

A: Are you traveling alone? _혼자 여행 중이야?

B: Yeah. This is my favorite place. _응. 여기 내가 좋아하는 곳이거든.

영어를 한마디도 못 했던 사람이 6개월 안에 원어민 앞에서 한 문장이라도 막힘 없이 뱉으며 자연스럽게 대화를 이어나갈 수 있다면 그거야말로 실로 대단한 발전입니다. 그런데 이게 생각보다 쉽지 않아요. 아무리 쉬운 문장이라도 적절한 상황에 내뱉고 대화를 자연스럽게 이어나간다는 것은 탄탄한 영어 실력이 있어야 가능한 일이거든요.

6개월이라는 시간도 어쩌면 너무 짧을지 몰라요. 사람마다 편차가 있으니 1년 이상이 걸릴 수도 있어요. 그럼에도 6개월이라는 목표를 세우자고 하는 것은 그만큼 도전적으로 치열하게 해보자는 의미예요.

'외국인 앞에서 겁먹지 말고 내 생각 말하기!' 이것만 목표로 잡아도 여러분의 영어 공부는 이미 절반의 성공을 거둔 셈이에요. 이 책에서 제시하는 최소한의 목표도 바로 이것입니다. 단기간에 성취감을 맛보게 해줄 실현 가능하고 분명한 목표를 세울 것. 유튜브로 영어 공부를 할 때 절대 잊어서는 안 됩니다.

유튜브 영어
마스터 플랜

제가 제안하는 '유튜브로 영어 마스터하기 플랜'은 크게 4단계로 나눕니다. 아주 간단한 문장조차 입으로 내뱉기 힘들어하는 분들을 위해 기초적인 단계부터 넣었어요. 우리의 궁극적인 목표는 단 하나입니다. 원어민 앞에서 겁먹지 말고 내 생각 말하기! 즉 스몰 토킹을 이어갈 수 있는 경지에 다다르는 것이죠.

1~3단계까지 최소 6개월을 잡았는데, 개인차에 따라 그 이상이 걸릴 수도 있어요. 하지만 제가 제안하는 방법으로 몰입도 있게 매일매일 영어 공부에 매진한다면 영어를 한마디도 못 하는 초보들도 6개월 후에는 가벼운 대화가 가능할 거예요.

1단계는 영어회화를 하기 위해 아주 기초적인 언어 근력을 쌓는

	영어 근력 만들기	짧은 문장 말하기	의견 담아 말하기	표현 확장하기
	1단계	2단계	3단계	4단계
기간	2~3개월	2~3개월	2~6개월	∞
가능한 영어	듣기와 회화는 안 되지만 문장을 보면 이해할 수 있음	'주어+동사+목적어'의 문장을 스스로 만들 수 있음	영어 질문에 대해 자신의 의사 표현이 가능함	원어민과 스몰 토킹이 가능함
유튜브 주제	동기부여, 문화, 어휘	일상, 브이로그	브이로그, 미드	강연, 뉴스, 관심사

시기예요. 기본적인 문법과 어휘, 영어에 대한 호기심을 자극하는 단계죠. 이 단계에는 책과 병행해서 공부하기를 권합니다. "유튜브로 공부하는 법을 알려준다면서 무슨 책?"이라고 하실 수도 있지만 그 답은 뒤에 차근차근 말씀드릴게요.

2단계는 간단한 문장들을 만들면서 스스로 영어로 말하는 능력을 키우는 단계입니다. 아주 간단한 문장을 만들고 영어 음성 일기를 쓰면서 차근차근 자신의 영어 실력을 기록으로 남겨보는 거예요.

3단계는 본격적인 표현 습득을 통해 원어민처럼 말해보는 연습을 하는 단계예요. 다양한 현지인의 표현을 집중적으로 외우면서 좀 더 세련되고 원어민스럽게 영어를 만드는 시기죠. 포인트는 '무조건 많이 말하는 것'입니다. 여기까지 마무리하면 외국인과 아주 가벼운 대화를 나눌 수 있는 수준이 됩니다. 이렇게 되기까지 총 6개월 정도가 걸려요.

6개월 이후부터는 본격적으로 표현을 확장하고, 자신의 생각을 더욱더 자유자재로 표현할 수 있는 단계로 달려가야 합니다. 일상에서는 잘 사용하지 않는 전문적인 어휘나 표현들도 조금씩 접하고, 재미와 완성도에 맞게 유튜브 채널도 갈아타기를 권합니다. 아주 기본적인 영어만 알아도 보고 즐기고 느낄 수 있는 콘텐츠들이 무한히 있으니까요.

단, 여기 소개한 단계는 그저 단계일 뿐, 꼭 그대로 따라해야 하는 것은 아니라는 점을 기억하세요. 영어 실력을 자로 잰 듯 딱 자를 수는 없습니다. 누군가는 어휘 수준은 높지만 문장 만들기가 안 될 수도 있고, 누군가는 뉴스까지 들을 수 있을 정도로 리스닝 수준은 뛰어나지만 스피킹은 안 될 수 있거든요. 그러니 제가 추천해드리는 채널 역시 각자의 상황에 맞게 필요에 따라 섞어서 활용하는 것이 좋습니다.

유튜브 영어 4단계 플랜

1단계 :
영어 근력 만들기

원어민과의 스몰 토킹을 위해서는 1단계로 문법과 어휘에 집중해야 합니다. 본격적인 회화 공부에 돌입하기 전에 가장 기본적인 문장 구조와 일상 대화에 필요한 어휘 실력을 다지는 단계입니다.

이 단계에는 일단 여러 채널들의 다양한 영상들을 찾아보며 영어에 대한 흥미와 호기심을 최대한 끌어올리세요. 한글 자막이 달린 것을 봐도 좋아요. 영어를 잘 모르더라도 일단 들어보고 몇 마디나 알아들을 수 있는지 스스로 체크해보세요. 영어에 대한 열정을 가져야 하는 시기입니다.

기초 문법은 꼭 잡고 가라

1단계는 기본 중의 기본인 문법과 어휘를 다지는 단계라고 했습니다. '어, 데이브가 문법은 별로 중요하지 않다고 했는데 웬 문법?'이라고 생각하실 수도 있어요. 그런데 여기서 문법이란 아주 기초적인 문법을 의미해요. 영어를 하기 위해 반드시 알아야 하는 개념들이죠.

예를 들어 "너 아이스크림 좋아해?"와 "그는 나이가 많아?"를 영어로 말한다고 생각해보세요. "Do you like ice-cream?"과 "Is he old?"라는 문장이 바로 입 밖으로 튀어나오나요? 만약 의문문을 만들 때는 주어와 동사의 위치가 바뀌고, 이때 일반동사는 be동사와 달리 Do나 Does를 문장 앞에 앞세워야 한다는 것을 몰랐다면 1단계, 기초 체력 다지기부터 시작해야 합니다.

우리의 최종 목표는 생각이나 의사를 영어로 자유롭게 말하는 것이에요. 그 목표로 가기 위해서는 기본적으로 단어들을 어떻게 배열할 것인지 틀은 알고 있어야 합니다. 영어는 주어+동사를 기본으로 해서 그 뒤에 하고 싶은 말을 중요한 순서에 따라 보충 설명을 하듯 붙이는 구조입니다. 이런 구조를 정복하기 위해서는 명사, 동사, 형용사 등이 어떤 역할을 하는지 정도는 개괄적으로 알아야 합니다.

이왕 영어 공부를 시작했으니 아예 영어로 noun(명사), verb(동사),

adjective(형용사)로 접근해서 개념을 정립하세요. 또 원어민들이 시시때때로 사용하는 would've(would have), could've(could have) 등의 용법들도 함께 익히면 좋습니다. 이미 여기에 대한 지식이 잡혀 있는 분들이라면 가볍게 훑고 가는 것도 상관없지만 절대 무시해서는 안 되는 것들입니다.

저는 개인적으로 문법은 유튜브보다는 책을 통해 다질 것을 추천합니다. 책으로는 간단하게 훑을 수 있는 내용이라도 영상에서는 시간을 채우기 위해 과도한 부연설명이 따라 붙는 경우가 많거든요. 저는 학생들을 가르칠 때《그래머 인 유즈(Grammar in use)》시리즈를 활용했어요. 난이도에 따라 세 단계로 나뉘어 있는데, 스몰 토킹을 위해서라면 베이직 단계로도 충분합니다. 책을 처음부터 끝까지 정독할 필요도 없어요. 아는 부분은 건너뛰고 필요한 부분만 봐도 됩니다. 워낙 유명한 책이라서 영어 공부를 한 번이라도 해본 분이라면 들어봤을 거예요. 이미 가지고 계신 분들도 많을 거고요. 책을 굳이 사고 싶지 않다면 한국 공식 블로그(http://blog.naver.com/camko101)를 참고해도 좋습니다. 블로그에서 원어민 음성도 제공하고 있으니 혼자 공부하는 것도 어렵지 않습니다.

책보다는 사람이 친절하게 설명해주는 방식이 좋으시다면 영상을 활용해도 상관은 없습니다. 기초부터 시작하는 분들에게는 '공신(공부의 신)'이라는 닉네임으로 유명하신 강성태 님의 채널을 추천해요. 유튜브 채널 '공부의 신 강성태'에는 다양한 공부 방법에 대한 콘텐츠가 업로드되어 있고 그중에는 영문법 특강 영상도 있습니다. 공부법에 대해 꽤 오랫동안 연구하고 콘텐츠를 만들어온 분이라서 강의 자체가 이해하기 쉽다는 평가가 많습니다. 잘 아는 것과 잘 설명하는 것은 분명 다른데, 강성태 님은 영문법에 대한 이해도도 높고, 이를 귀에 쏙쏙 박히게 설명하는 기술도 좋죠. 문법을 공부할 때 이런 채널의 도움을 받는 것도 좋습니다.

어휘는 영한이 아닌 한영으로 외워라

기본적인 문법이 파악됐다면, 이제 문장을 만들 재료를 채워야 합니다. 바로 본격적으로 어휘량을 늘리는 단계죠.

유튜브로 재미있게 영어 공부를 하는 법을 가르쳐주는 줄로만 알았는데 왜 자꾸 문법과 어휘 얘기만 하냐고요? 문법과 어휘는 기본 중의 기본이기 때문입니다. 유튜브를 제대로 즐기기 위해서는 최소한의 단어를 알아야 해요. 유튜브를 보든, 전화영어를 하든, 외국인과 과외를 하든, 일단 단어라도 드문드문 들려야 대답을 할 수 있습니다.

그리고 그렇게 드문드문이라도 들으려면 단어를 알아야 합니다.

단어를 많이 알면 영상을 볼 때도 훨씬 효율적이에요. 단어에 대한 기본기 없이 영상부터 시작하면 자막이나 표현을 보며 그때그때 모르는 것을 찾아봐야 합니다. 그런데 이게 생각보다 꽤 귀찮고 시간도 많이 걸립니다. 하지만 단어를 미리 알고 있으면 스크립트나 자막을 볼 때 내용에 대한 이해도 빠르고, 영어 단어와 한국말이 바로바로 연결되니 표현을 정리하기도 쉬워요.

기초 단계에서는 중학교 수준의 단어만 알아도 충분합니다. 포털 사이트 검색창에 '중학생 필수 어휘'라고만 쳐도 단어 리스트가 좌르륵 하고 나오니 참고하셔도 좋을 것 같아요. 하지만 어휘라는 것이 칼로 무 자르듯 수준이 뚜렷하게 구분되는 것이 아니기 때문에 모르는 단어가 등장하면 그때그때 단어 공부를 한다고 생각하세요.

유튜브에도 이미 영단어와 관련된 콘텐츠가 아주 많이 있습니다. 예를 들어 KBS 라디오에서 오랜 기간 〈이근철의 굿모닝팝스〉를 진행했던 이근철 씨가 '이근철TV'라는 유튜브 채널을 운영하고 있어요. 그중 '외워질 수밖에 없는 하루 딱 10개 영단어'는 꼭 필요한 영단어를 보다 쉽고 재미있게 외우도록 도와주는 콘텐츠예요. 아프리카TV에서 영어를 가르치다 유튜브 구독자 수 100만 명을 달성한 '디바제시카' 채널의 '24일 완성! 기막힌 영단어 암기법'도 많은 분들이 찾아본 영상이지요. 1일 차부터 24일 차까지 나뉘어 있는 영상에서 제시카 님은 영단어를 화면에 소개하고, 그 뜻을 알기 쉽게 설명해주죠. 일종의 플래시 카드처럼 단어를 이미지로 인식하고 뜻을 바로 말하게 하는 훈련법을 이용해서 말이죠. 개인적으로 제가 추천하는 영단어 공부법과는 조금 다른 형식이지만, 기초 단어에 약하신 분이라면 일단 이렇게라도 단어를 눈에 익히는 것이 도움이 될 거예요.

사실 어휘량을 늘리려면 어느 정도 암기가 필요합니다. 제가 미국에서 영어를 배울 때도 마지막까지 놓지 않았던 것이 바로 영어 단어장이에요. 저는 단어를 외우다가 모르는 것은 따로 메모해서 늘 들고 다니며 봤어요. 심지어 미국인들도 SAT 시험을 앞두고는 자기만의 단어카드를 만듭니다. 영어를 읽고 쓰고 말하기 위해서 어휘가 얼마나 중요한지 감이 오시죠?

한 가지 팁을 드리자면, 단어장을 공부할 때는 한국말에 해당하는 영어 단어를 떠올리는 방식을 추천해요. 예를 들면 'table은 탁자, chair는 의자'가 아니라, '탁자는 table, 의자는 chair'처럼 말이죠. 영어 단어를 보여주고 한국말로 무슨 뜻인지를 물어보면 쉽게 대답하면서도 반대로 한국말을 보여주고 영어 단어로 바꾸라고 하면 의외로 막히는 사람들이 많습니다. 우리는 영어를 하는 경우, 머릿속으로 한국말을 먼저 생각한 다음 영어로 변환해 말을 합니다. 그러니 한국말을 영어로 바꾸는 속도가 빨라야 영어도 즉각적으로 나오겠죠. 무엇보다 어휘는 영어회화를 공부하는 내내 따라가는 것임을 잊지 마세요.

가볍게 시작하는 유튜브 영어

이 시기에는 영어를 들으려고 하지 말고 가벼운 마음으로 그들은 이런 느낌으로 말하고, 이런 표정을 짓는구나 하는 정도로 워밍업을 합니다. 그러다 보면 의외의 언어적 호기심도 생기고, 영어를 유창하게 하는 사람들을 통해 동기부여도 됩니다.

라이브 아카데미

제가 영어 공부 초보들에게 가장 많이 추천하는 채널이에요. 표현과 문법 등 수많은 영어 관련 콘텐츠 중에 제가 단연 첫 번째로 꼽는 채널입니다. 초보들에게는 이만한 강의가 없다고 자부할 만큼 양질의 콘텐츠를 자랑하죠. 문법을 전문으로 하는 채널은 아니지만 설명을 듣다 보면 문장의 뼈대를 만드는 훈련이 자연스럽게 이루어집니다.

또 설명을 아주 쉽게 해줘서 특히 추천하는 채널이에요. 'would와

could의 올바른 사용법', 'in/ on/ at의 기본 개념 세우기' 등 얼핏 문법 강의처럼 보이는 콘텐츠도 막상 내용을 들어보면 각 단어의 쓰임과 뉘앙스를 쉽게 설명해주기 때문에 자유자재로 응용이 가능한 표현법을 익힐 수 있습니다.

저는 특히 초보라면 외국인보다는 한국인에게 배우라고 추천하는 편입니다. 영어 초보자들에게 필요한 것은 효율적인 공부 방법뿐만 아니라 답답하고 어려운 지금의 심정을 잘 헤아려주는 선생님이니까요. 그런 면에서 '라이브 아카데미' 님의 강의 방식은 최적입니다. 게다가 발음도 똑 떨어지고 완벽해서 어디 하나 흠 잡을 데가 없습니다. 뿐만 아니라 '일상을 영어로 말하기', '다양하게 쓰이는.영어 단어', '영어 연습 가이드' 등 영어를 공부하는 분들이라면 누구나 활용할 수 있는 콘텐츠들이 무궁무진하답니다.

Aran TV

아란 TV를 운영하는 유튜버 김아란 님은 한국에서 태어나 한국에서 공부한 100퍼센트 토종 한국인입니다. 하지만 본격적으로 영어를 공부한 지 1년 만에 미국 교포가 아니냐는 말을 들을 정도로 놀라운 영어 실력을 쌓았죠.

유튜브 영어 4단계 플랜

아란 TV 채널에는 영어 공부법 외에도 한국인이 잘 모르는 미국 문화에 대해 친절하게 설명해주는 콘텐츠가 많아요. 특히 미국 교환 학생 시절의 에피소드와 직접 경험한 미국 문화의 특징은 현지 생활을 잘 모르는 한국 사람들에게 특히 도움이 됩니다. '미국에서 하면 이상한 취급 받는 행동', '미국에서 병원 이용하기', '미국 개강 룩북 vs. 한국 개강 룩북' 등 실용적이고 흥미로운 주제로 우리와는 전혀 다른 미국 문화를 소개합니다.

뿐만 아니라 영어 발음을 보다 정확하게 내도록 도와주는 콘텐츠나 단어들의 미묘한 뉘앙스 차이를 설명해주는 콘텐츠는 영어 초보자들에게 큰 도움이 됩니다. 본격적인 영어 공부에 앞서 미국 현지인과 비슷한 마인드셋이 필요한 분들이라면 아란 TV를 통해 미국 문화를 간접적으로나마 체험해보시길 추천합니다.

올리버쌤

110만 구독자 수를 자랑하는 '올리버쌤'은 올리버 샨 그랜트(Oliver Shan Grant) 님이 운영하는 채널로 미국의 리얼한 문화를 다룬 콘텐츠가 주를 이룹니다.

영어와 한국어, 스페인어에 능통한 올리버쌤은 한국에서 초등학교와 중학교의 원어민 강사 및 EBS 영어 강사로 활약하면서 이름을 알린 분이에요. 올리버쌤 채널에서는 '미국의 민낯'이라는 시리즈가 특히 유명해요. 한국인들이 미국에 대해 막연한 환상을 가지지 않도록 미국의 실상과 리얼한 현지 문화를 설명해주는 콘텐츠죠. 아란TV가 비교적 일상과 가까운 가벼운 수준의 문화 차이를 다룬다면 올리버쌤은 미국인들의 삶을 이해하기 위해 꼭 알아야 하는 지식이나 정보를 다루는 것이 특징입니다.

Rachel's English

원어민 레이철이 미국식 영어 발음을 정확히 알려주는 채널입니다. 영어가 모국어가 아닌 외국인에게 정확한 발음을 알려주는 콘텐츠들이 주로 올라와요.

레이철이 사용하는 영어는 거의 100퍼센트 미국식 영어예요. 그래서 입 모양, 혀의 위치, 억양까지 세세하게 알려줌으로써 최대한 원어민스러운 영어를 말하도록 도와줍니다. 발음을 설명하기 위한 표현 또한 아주 쉽고 간결합니다. 무엇보다 발음이 정확해서 듣기 연습을 하는 데도 좋습니다.

일단 이 채널에 들어가면 온통 영어뿐이라서 초보자는 당황할 수 있지만 소리에 익숙해지기에는 좋은 채널이에요. 실제 외국인들이 대화를 나누는 상황을 연출해서 보여주기도 하고, 일상의 모습들을 촬영해서 자연스럽게 영어의 '소리 문화'를 전해주기도 해요. 그렇게 영어의 소리에 익숙해지도록 도움을 주죠. 'Hello를 말하는 방법(How to say Hello!)'처럼 아주 기본적인 그들의 문화와 뉘앙스를 다룬 콘텐츠들도 많으니 일단 한번 영상을 보시라고 추천합니다.

공부의 신 강성태

동기부여, 영어 공부, 책, 수능 등 다양한 영역에 걸쳐 멘토링 콘텐츠를 주로 업로드하는 채널입니다. 예를 들면 '공부 슬럼프 극복 방법 TOP5', '100% 자극받는 새벽 6시 공부', '육하원칙으로 계획 짜는 방법', '공부 습관, 66일이면 된다'처럼 무엇을 공부해야 하는가가 아니라 어떻게 공부해야 하는가에 중점을 둔 콘텐츠들이 주를 이룹니다. 이와 함께 다양한 영어 공부법에 대한 영상도 많습니다. 복잡한 문법을 알기 쉽게 설명해주는 영문법 특강이나 어원으로 공부하는 영단어 등은 영어 입문자들에게 특히 유용한 콘텐츠입니다. 아무리 생각해도 자신이 책과는 거리가 멀다, 책으로는 도저히 공부를 못 하겠다 하시는 분들은 이 영상들을 통해 문법과 어휘를 정리하는 것도 좋습니다.

2단계 :
짧은 문장 말하기

영어의 기초 체력을 다졌다면 지금부터는 영어회화를 위한 본격적인 트레이닝에 돌입하는 단계입니다. 우리가 영어 공부를 하는 목표는 결국 '말'을 하기 위해서예요. 아무리 많은 문장, 단어, 표현을 알고 있더라도 내가 처한 상황에서 내 의사를 표현하지 못하면 아무 소용이 없습니다.

2단계에는 짧은 문장을 계속해서 내뱉어보는 연습을 합니다. 여기서 '짧은 문장'이란 주어와 동사, 그리고 이를 보충 설명해주는 정보나 하고 싶은 말을 담은 완전한 문장이어야 합니다. "나 밥 먹었어", "어젯밤에 친구랑 영화 봤어"와 같이 짧지만 문장으로 말하는 훈련을 하는 거죠. 이때 동사 뒤에 사실 위주의 정보부터 붙이는 연습을 해야 합니다. 예를 들어, "어제 친구랑 영화를 봤는데 생각보다 재미없더라"라고 말하기 전에 "어젯밤에 친구랑 영화 봤어"라고 말하는 것에 익숙해져야 한다는 뜻입니다. 그 상황에 대한 의견이나 생각을 말하기 위해서는 훨씬 더 풍부한 표현과 어휘, 문장 구사력이 필요하거든요. 처음에는 사실 위주로 말하는 연습을 통해 문장의 기본 틀을 만드는 법에 익숙해지는 것이 목표입니다. 서두르거나 욕심 낼 필요가 없어요. 짧은 문장을 만드는 것에 어느 정도 익숙해지면 그다음 단계는 훨씬 쉬워집니다.

유튜브에서도 일상적이고 짧은 기초 문장을 많이 활용하는 채널들을 보는 것이 좋습니다. 일상에 대해 말하는 크리에이터의 채널이나 브이로그 같은 것을 보면서 일상에서 어떤 말들을 쓰는지, 그것을 어떻게 영어로 말하는지 보는 것이 좋습니다.

일상의 문장을 직접 만들어라!

표현 책으로 영어 공부를 시작하는 분들이 있습니다. 교과서에서는 배울 수 없지만 진짜 원어민들이 쓰는 표현이라는 명목 하에 100여 개의 문장을 쭉 나열하고 외우게 하는 책이죠. 그 내용을 보면 "손이

108
Chapter 3

열 개라도 모자라요", "야식 먹을래요?"와 같이 영어로 말하려면 어렵지만 문장을 통째로 외우면 유용한 것들이 있습니다. 물론 이런 표현들은 알아두면 유용합니다. 하지만 우리가 일상에서 이런 표현들을 얼마나 쓸까요? 이 표현들을 외우기에 앞서 "I'm busy now.", "Do you want something to eat?"과 같은 말을 내뱉을 수 있는지 확인해보세요.

먼저 기본 문장에 익숙해진 후에 표현을 확장해가야 합니다. "I had breakfast.", "I'm sick.", "I have to go to work."과 같은 일상의 언어들이 먼저 자연스럽게 나와야 해요. 오늘 무엇을 했는지, 어제 기분이 어땠는지 등 아주 단순하게나마 자신의 일상을 설명할 수 있는 수준에 올라간 뒤에야 표현을 확장해야 합니다.

'저렇게 당연하고 간단한 문장을 왜 공부해?'라고 생각할 수도 있어요. 하지만 이런 연습이 충분히 되지 않으면 결코 그 이상을 말할 수 없습니다. 표현을 100개 외운다고 해도 똑같은 상황이 연출되지 않으면 그 표현들은 무용지물이에요. 하지만 문장을 스스로 만들어본 사람은 돌발적인 상황에도 영어로 대응할 수 있게 됩니다. 그러니 기본적인 문장 구조를 익히고 어휘를 활용해서 짧고 간결한 문장을 다양하게 만들어보는 연습을 계속하세요.

또한 이 단계에서는 문장에 너무 많은 정보를 담기보다는 실제로 일어났던 일상의 일이나 팩트 위주로 말하는 것이 유용합니다. "어제 뭐 했어?", "오늘 컨디션이 안 좋아", "밥 먹으러 갈래?", "내일 놀까?" 등을 완전한 문장으로 말할 수 있어야 합니다. "어제 뭐?", "밥?"과 같이 단어만 던지지 말라는 얘기입니다. 일상에서는 그렇게 말해도 소통이 되겠지만 처음부터 그렇게 말한다면 영영 문장으로는 말을 하지 못하게 될지도 모르니까요.

모든 것을 외우려고 하지 마라

짧은 문장을 만드는 연습은 최소한 두 달 이상 꾸준히 해야 합니다. 그래야 실제로 필요한 순간에 바로 입에서 나옵니다. 사실 문장을 직접 만들어보는 훈련은 모든 영어회화 공부의 기본입니다. 결국 마지막 단계의 목표가 원어민과 자연스럽게 대화를 나누는 것이기 때문이죠. 지금은 짧은 문장만 말하지만 마지막에는 여기에 표현을 얹고 나만의 개성과 생각까지 담아야 하거든요. 그러니 '문장 만들기'를 아예 생활화한다고 생각하시는 게 좋습니다.

이때 '듣기 훈련'은 기본으로 따라가야 합니다. 듣기와 말하기는 이분법적으로 구분해서 공부할 수 있는 것이 아니에요. 들어야 말할 수 있으니까요. 하지만 2단계에서 유튜브를 볼 때 꼭 부탁드리고 싶은 게 있습니다. 영상에 나오는 모든 단어와 표현, 문법을 파악하고 외워야 한다는 강박을 버리라는 것입니다. 유튜버의 말 한마디 한마디를 모두 메모해서 내 지식을 만들 수 있다면 좋겠죠. 하지만 그건 지금 단계에서는 효율적인 방법이 아니에요. 그렇게 디테일에 치중하다가는 정작 중요한 문장 구조를 놓쳐버리거나, 너무 많은 정보에 쉽게 지쳐버릴 수도 있어요. 실제로 많은 분들이 2단계에서 흥미를 잃어버리고 포기하곤 합니다. 과한 욕심 탓이죠. 이 단계에는 아주 기본적인 문장과 단어를 따라 말하고 연습하는 것만으로도 충분합니다.

일상을 다룬 콘텐츠로 시작하자

2단계에서 봐야 하는 유튜브는 일상에 집중한 콘텐츠들입니다. 가령 쇼핑하기, 음식 주문하기와 같은 일상의 상황을 설정하고 거기에 필요한 영어를 알려주는 채널이나, 크리에이터가 구독자와 소통하며 자신의 일상을 공유하는 브이로그 등을 보는 것이 좋습니다. 사실 1, 2단계의 경우 영상의 수준을 구분하는 것은 크게 의미가 없습니다. 너무 어렵고 복잡한 표현보다는 가벼운 일상의 표현이 나오는 콘텐츠나 영상 자체로 어느 정도 내용을 파악할 수 있는 콘텐츠라면 뭐든 상관 없어요.

2단계에서는 아직 100퍼센트 영어로 된 콘텐츠를 보는 것이 다소 부담스러울 수는 있어요. 하지만 발음과 억양이 비교적 뚜렷한 원어민의 영어를 들으면서 영어에 대한 감각을 키우고, 영어 자체에 대한 호기심을 키우는 것이 좋습니다. 다소 어렵게 느껴지는 채널이라도 과감하게 도전해보세요.

SOPHIE BAN

초보들에게는 소피반 채널도 좋습니다. 남다른 사명감이 느껴질 정도로 귀에 쏙쏙 들어오는 친절한 설명으로 유명합니다. 소피반의 채널은 문장 구조나 단어의 용법보다는 비교적 표현에 집중하고 있지만 단순히 '커피숍에서는 이렇게 말하세요'라고 하는 대신에 미국인들이 왜 그렇게 말하는지 단어 하나하나의 뉘앙스와 발음을 꼼꼼히 짚어줍니다. 커피숍 직원에게 "음료를 너무 가득 담지 말아주세요"라고 말할 때 왜 "Can I have a room?"이라고 하는지, 이를 어떻게 활용할 수 있는지를 아주 구체적으로 알려줍니다.

아주 쉬운 우리말로 단어 하나의 뉘앙스를 다채롭게 설명해주기 때문에 활용도가 아주 높아요. '엘리베이터 안에서 쓸 만한 영어', '스타벅스 드라이브 스루에서 쓸 만한 영어', '스몰 토크에 맞장구치기' 등 구체적인 상황과 장소를 제시하고 아주 디테일한 표현들까지 다루기 때문에 표현과 문화를 두루 익히는 데 도움이 됩니다.

Andrei Terbea

안드레이 터베아는 만화나 애니메이션을 좋아하는 사람이라면 흥미롭게 볼 수 있는 채널로, 최근 구독자 수가 빠르게 늘고 있습니다.

'성공이란 무엇인가', '유튜버에게 광고란?'처럼 평소 궁금했던 점이나 우리 일상과 밀접한 주제를 감각적인 애니메이션으로 풀어내죠. 그런데 이 유튜버는 말을 정말 잘합니다. 발음과 말의 속도가 정확해서 자동 자막을 생성해도 거의 맞아떨어질 정도예요. 또 한 영상의 길이가 5분 남짓이기에 스크립트를 노트하는 데도 큰 부담이 없습니다.

짧은 영상 안에 유용한 표현들을 많이 담아낸 것도 특징이에요. 원어민들이 실제로 자주 사용하는 표현을 들어보면 대부분 우리가 이미 잘 알고 있는 단어들로 구성된 경우가 많습니다. 그런데 그 단어들을 직역하면 정확한 의미가 전달되지 않기 때문에 우리는 최대한 다양한 표현을 외우려고 하죠. 이 채널의 경우 현지인들이 일상에서 흔히 사용하는 어렵지 않은 표현들이 많이 나오기 때문에 초급자들에게도 유용합니다. 또한 다양한 주제에 대한 새로운 시각도 접할 수 있습니다.

CaseyNeistat

브이로그 포맷의 선구자로 유튜브 브이로그의 묘미를 경험하기에 이만한 채널이 없습니다. 캐이시네이스탯은 브이로그의 대부처럼 여겨지는 유튜버로, 2019년 5월 현재 구독자 수가 1126만 명을 넘어섰습니다. 〈왕좌의 게임〉, 〈섹스앤더시티〉 등을 만든 유명 방송사 HBO채널에 30만 원짜리 똑딱이 카메라로 찍은 브이로그를 팔기도 했을 만큼 뛰어난 유튜버입니다. 유명 감독들이 고가의 장비를 동원하여 초호화 스케일로 만든 드라마도 HBO에 퇴짜를 맞는데 말이죠.

이 채널에서는 파격적인 포맷과 뛰어난 영상 제작 기술로 2010년에 이미 지상파 TV에 진출한 콘텐츠를 마음껏 즐길 수 있습니다. 동시에 원어민이 보여주는 미국 문화도 경험할 수 있죠. '뉴욕 한복판에서 스노보드 타기', '에미레이트항공 퍼스트클래스 탑승기' 등 실제 미국인들의 이야기를 볼 수 있어서 흥미롭습니다. 말하는 속도도 적당하고, 많이 말하는 스타일도 아니라서 보기에 부담이 없을 거예요.

2단계에서는 다소 난이도가 높을 수 있지만 안 들리더라도 자동으로 생성되는 영어 자막을 켜고 도전하며 원어민들의 영어에 자신을 노출시켜보세요. 현지인들이 주로 어떤 단어를 쓰는지 직감적으로 느낄 수 있을 테니까요.

fromJUDYJY

한국계 미국인으로 거의 100퍼센트 영어로 진행하는 브이로그 채널입니다. 영어로만 말하기는 하지만 친절하게도 자막으로 어려운 단어나 표현의 의미를 설명해줘서 영어를 배우려는 사람들을 배려해주는 채널이기도 합니다.

영어를 잘 못하는 외국인들을 배려하기 때문에 발음도 아주 또박또박 정확합니다. 게다가 한국인의 입장에서 미국의 어떤 문화들이 흥미롭고 신선할지 잘 선별해서 보여줍니다. 아직 구독자 수가 많지는 않지만 영어 공부를 하는 사람들에게 유용한 채널입니다.

Roman Atwood Vlogs

이 채널도 캐이시네이스탯 채널처럼 유튜브 콘텐츠에 대한 흥미와 현지인이 쓰는 영어를 체험해 볼 수 있는 채널입니다. 로먼 앳우드는 유튜브 1세대 브이로거로 '로먼앳우드 프랭크스터(RomanAtwood Prankster)' 채널로 유튜브를 시작했습니다. 처음에는 몰래카메라 등을 올리며 인기를 얻기 시작했죠. 그러다 결혼 후에 브이로그 채널을 따로 열며 브이로거로 전향했습니다. 처음 채널은 1000만 구독자를, 브이로그 채널은 1500만 이상의 구독자를 보유하고 있는 메가 유튜버입니다. 제가 추천드리는 채널은 네 아이를 키우며 가족의 일상을 올리는 브이로그 채널입니다. 물론 괴짜 기질을 여전히 버리지 못해, '집에 연못 만들어 보트 타기', '탱크 타고 돌아다니기', '집에 대형 워터 슬라이드 설치하기' 등의 에피소드도 있습니다. 구독자와 소통하는 것도 좋아하니 댓글로 궁금한 것들을 물어봐도 좋을 것 같아요.

발음이 좋기 때문에 노먼 앳우드가 하는 대부분의 말이 자동 생성된 자막에 정확하게 나옵니다. 영어를 공부하기에 아주 좋죠.

3단계 :
의견 담아 말하기

3단계는 모르는 표현이 점점 많아지는 시기입니다. 어휘 공부를 꾸준히 해왔는데도 문장이 잘 들리지 않거나 해석이 되지 않는다면 표현을 모를 가능성이 높아요. '단어 공부를 열심히 했는데 왜 더 안 들리고 해석도 어렵지?' 하는 좌절감을 느끼기 쉬워요. 그런데 이는 당연한 현상이에요. 3단계부터 본격적으로 표현을 익히면 되니까 너무 당황하지 마세요.

2단계에서 유창하지는 않지만 중·고등학교 영어 시간에 배운 문장 정도는 직접 만들 수 있는 수준이 되었다면 이제 본격적으로 표현을 익혀야 합니다.

이때는 좀 더 다양한 유튜브 채널을 구독하며 영역을 확장해나가야 해요. 2단계까지는 권장하지 않았던 다양한 영어 표현들도 봐야 하고, 미드를 보는 것도 좋아요. 한국말이 전혀 등장하지 않는, 원어민의 채널을 통해 귀가 영어에 완벽하게 적응하도록 트레이닝도 해야 합니다. 또 영어 실력을 유지하기 위해 내가 원하는 목표와 수준에 맞게 나만의 유튜브 구독 리스트도 만들어야 합니다.

틈 날 때마다 혼잣말하기

1, 2단계를 통해 기초 체력을 다졌다면 이제는 내 생각과 의견을 담아 좀 더 디테일한 표현을 구사하는 연습을 해야 합니다. 이 단계에서 제가 가장 강조하는 공부법은 '혼잣말하기'입니다.

아마 날라리데이브 채널을 구독하는 분이라면 제가 '혼잣말하기'를 얼마나 강조하는지 잘 아실 거예요. 혼잣말하기는 말 그대로 내 일상과 기분, 또는 상황을 틈 날 때마다 영어로 말하는 것입니다. "I'm gonna clean up my room(방 청소를 해야겠어)." "I went grocery shopping yesterday(어제 장 보러 갔어)." "It's so exhausting studying English today(오늘은 영어 공부하는 게 너무 피곤하네)." 이런 식으로 쉴 새 없이 계속 혼잣말을 하는 거예요. 2단계에서 팩트 위주로 말을 했다면 3단계에는 자신의 생각을 담은 표현들로 문장을 만들어보세요.

직접 말을 하다 보면 원어민의 말도 훨씬 잘 들리게 됩니다. 또 자주 영어로 말을 내뱉으면 자신도 모르는 사이에 영어에 자신감이 붙어요.

조금 어려운 시도일 수도 있지만 유튜버들이 브이로그를 하는 것처럼 자신의 일상을 영상으로 담으며 말해보는 것도 좋습니다! 영상으로 영어 일기를 쓰는 거죠. 일상의 기록과 동시에 자신의 성장을 볼 수 있기 때문에 지칠 때마다 동기부여가 되어줍니다.

본격적인 표현 연습은 이때부터!

3단계부터는 본격적으로 표현을 연습합니다. 표현과 관련된 영상은 유튜브에서 영어를 다루는 대부분의 유튜버들이 만들고 있는 콘텐츠예요. 제 채널에서 다룬 '하루에 한 표현!', '날라리데이브 Expression!'도 여기 해당합니다. 제가 일상의 표현이나 슬랭을 가르쳐주는 세컨드 채널 '데일리 도우즈 오브 날라리데이브(DAILY DOSE OF 날라리DAVE)'도 보시면 좋아요.

표현을 익히는 것은 내 영어에 옷을 입히는 단계입니다. 기본적인 문장과 함께 사용하면 내 영어를 한층 업그레이드시켜주거든요. "I'm not really a people person(나는 사교적인 사람이 아니에요)." "I'm sorry. I'm running late(미안해요. 늦을 것 같아요)." "Things have been hectic at work(요새 회사에서 정신이 하나도 없어요)." 이런 표현들은 2단계 영어만으로는 구사할 수 없습니다.

이 단계에도 당연히 입 밖으로 직접 영어를 뱉는 것이 가장 중요해요. 같은 문장 구조를 가지고 단어만 바꿔서 다양하게 표현해보는 연습도 도움이 됩니다. 상황에 따라 말해보는 훈련도 계속해야 해요.

단, 앞서도 강조했지만 기본 문장도 스스로 만들지 못하는 상태에서 표현만 외우는 것은 권장하지 않습니다. 한국말에 서툰 외국인이 갑자기 우리도 잘 쓰지 않는 사자성어나 어려운 단어를 사용하면 어딘가 어색하고 웃기잖아요. 영어도 똑같습니다. 이제 막 말문이 트이기 시작한 사람이 화려한 표현을 사용하는 것은 자연스럽지 않아요.

'마이클 엘리엇' 채널에서 다루는 '미국 현지에서 들은 100가지 생생한 표현', '원어민들이 매일 쓰는 표현 100!' 등과 같은 것들을 보면서 문장을 통째로 외워보세요. 문법과 어휘로 쌓은 기본기 위에 화려한 표현까지 더한다면 영어 실력에 날개를 달 수 있을 거예요.

미드의 단점이 장점이 된다?

앞에서 영화나 미드 속의 영어는 100퍼센트 날것의 일상 영어가 아닐 수도 있다고 말씀드렸습니다. 하지만 이제 막 표현 공부를 시작한 분들에게는 오히려 그 단점이 장점으로 작용할 수도 있어요. 무슨 말인지 좀 더 설명해볼게요.

유튜브 채널을 통해 영어를 공부하면 자연스럽게 유튜버의 언어적 습관까지 접하게 됩니다. 그 사람이 다행히(?) 아주 정석의 영어를 구사한다면 상관없지만, 만약 잘못된 문장이나 표현을 반복적으로 사용한다면 배우는 사람도 올바르지 못한 영어를 배우게 돼요. 영어에 대한 기초가 어느 정도 잡힌 분들은 이걸 구분할 수 있지만 아직 기초 단계에 있는 분들은 그렇지 못한 경우가 더러 있습니다. 이럴 때 미드를 보면 이런 문제를 조금은 바로잡을 수 있습니다.

미드는 작가의 대본으로 만듭니다. 배우들은 정확한 문법을 기반으로 쓰인 대본을 모든 사람이 알아들을 수 있도록 정확하고 또렷한 발음으로 전달하죠. 또 미국의 어느 지역 사람이 들어도 충분히 공감하고 이해할 만한 표현들을 쓰기 때문에 지역색이 강한 표현들도 나오지 않습니다. 등장인물이 영어를 잘 못하는 외국인으로 설정돼 있더라도 그가 한 작품 안에서 구사하는 영어는 문법적으로나 표현적으로 정석에 가까워요.

미드나 영화로 공부할 때는 이미 스토리를 알고 있는, 즉 자신이 좋아하는 콘텐츠로 공부하세요. 그래야 내용에 함몰되지 않고 영어에 집중할 수 있습니다. 처음에는 한글 자막으로 내용을 파악하세요. 그다음에는 영문 스크립트를 구해 응용하기 좋은 문장과 표현들을 확인하세요. 제가 영화나 미드로 수업을 할 때 주로 사용했던 곳은 스크립트 공유 사이트 '스프링필드스프링필드(https://www.springfieldspringfield.co.uk)'입니다. 이 사이트에서 검색만 하면 웬만한 영화나 미드의 대본을 찾을 수 있으니 자유롭게 활용해보세요.

나만의 구독 리스트를 만들어라

미국은 넓은 땅 덩어리만큼이나 유행하는 표현이나 슬랭도 지역마다 제각각입니다. 특정 커뮤니티에서 사용하는 용어를 다른 사람들은 모를 수도 있고, 똑같은 슬랭이라도 지역마다 조금씩 다른 의미로 사용하는 경우도 있죠. 다양한 유튜버들의 영상을 보다 보면 이러한 로컬 유행어나 슬랭 등을 자연스럽게 많이 접하게 돼요.

제가 채널에서도 한번 다룬 적이 있는 'lit'이라는 단어를 예로 들어볼게요. lit은 미국 흑인 래퍼들이 많이 사용해서 유명해진 슬랭입니다. '대단하다', '쩐다', '(술에) 취하다' 등 정말 많은 상황에서 다양한 의미로 사용됩니다. 이런 설명을 했더니 어느 날, 'lit에는 drunk(취하다)의 의미가 없다'고 정정해달라는 댓글이 달렸습니다. 하지만 그 말은 맞기도 하고 틀리기도 했어요. 왜냐하면 제 친구들과는 너무도 자연스럽게 lit을 drunk의 의미로 사용하고 있었거든요.

한두 명의 유튜버 영상만으로 표현을 공부하면 이런 문제가 발생합니다. 분명 원어민에게 배운 표현인데도 다른 지역에 사는 현지인들은 공감하지 못하거나 사용하지 않는 상황 말이죠.

그래서 이 단계에는 자신만의 구독 리스트가 필요합니다. 절대적인 한 명보다는 목적과 필요에 따른 리스트업이 필요한 거죠. 듣기, 말하기, 발음 등으로 나눌 수도 있고 어휘, 문화, 회화로 나눌 수도 있어요. 또 자신의 흥미나 관심사와 연결된 영상으로 리스트업을 할 수도 있어요. 패션, 공연, 여행과 같이 관심사로 카테고리화되면 지치지 않고 즐겁게 영어 공부를 이어갈 수 있습니다.

저도 매일 빼먹지 않고 챙겨 보는 구독 리스트가 있어요. 제가 제 채널에서도 소개한 적이 있는 '안드레이 터베아'나 '테리TV' 같은 채널이에요. 안드레이 터베아는 구사하는 영어 표현 자체도 고급스럽지만 주제도 굉장히 유익합니다. 테리TV는 비꼬기 화법이 뛰어나 영어를 잘하는 사람들에게는 의외의 재미 요소들이 곳곳에 숨어 있죠. 외국에서 흔히 경험할 수 있는 일상생활을 맛깔스럽게 풀어내는 '도믹스'나 먹방과 브이로그를 선보이는 '벤딘' 같은 채널도 즐겨봅니다.

재미있고 유익해서 영상을 매일 찾아보게 되니 자연스럽게 영어를 듣게 되는 효과가 있고, 좋은 표현들은 실제로 따라 말하기도 합니다. 나만의 구독 리스트를 잘 만들어두면 두고두고 영어 실력을 갈고닦을 수 있는 좋은 자산이 된다는 것을 잊지 마세요.

현지인 표현들을 접할 수 있는 콘텐츠

앞서도 말했지만 3단계부터는 가급적 한국어가 나오지 않는 채널을 보세요. 검색 역시 영어 키워드로 하면서 차츰차츰 영어에 익숙해지게 하는 거죠. 영어 자막을 켜놓고 현지인들이 밥 먹듯 쓰는 표현을 노트하고, 찾아보고, 외우고, 말해보는 단계입니다. 콘텐츠 자체를 즐기면서 그들이 쓴 표현들을 내 것으로 만들기 위한 전투적인 자세와 의지가 필요해요.

이 단계에도 브이로그를 활용하면 더 재미있게 공부할 수 있어요. 주제를 다양화하여 즐겨보세요.

Domics

도믹스는 안드레이 터베아 채널과 마찬가지로 애니메이션 채널입니다. 애니메이션 스타일이나 움직임은 안드레이 터베아 채널에 비해 완성도가 떨어지는 듯하지만, 개인적으로는 훨씬 재미있게 보는 채널입니다.

애니메이션의 주제는 아주 일상적인 것들로, '주차를 하는데 누군가에게 주차 자리를 뺏긴 경험', '중국어를 배우다가 목숨의 위협을 느낀 경험' 등 지극히 사적인 경험을 재미있게 풀어냅니다. 과도한 슬랭이나 지역어를 사용하지 않습니다. 하지만 우리가 일반적으로 많이 듣거나 쓰는 표현은 아니지만 미국인들은 다 알고 있는 표현들을 많이 사용합니다.

순도 100퍼센트의 현지인 영어를 접하기에 딱 좋은 콘텐츠죠. 오래된 채널이라 규모가 크지만 주기적인 업데이트가 다소 늦다는 단점이 있습니다.

BenDeen

벤딘은 어릴 때 미국으로 입양된 한국계 미국인이 운영하는 채널입니다. 젠틀하고 조용한 성격의 유튜버가 주로 '먹방'을 하거나 일상적인 얘기를 나누는데요, 중저음의 매력적인 목소리와 잘생긴 외모 때문에 여성분이라면 팬심을 활용해 영어 공부를 하기에도 좋을 듯합니다.

무엇보다 과도한 슬랭이나 특정 지역 말투를 사용하지 않는 것이 큰 장점입니다. 강한 스타일의 화법을 구사하는 것이 아니기 때문에 무난한 표현을 익히기에 좋은 채널입니다. 또 말하는 속도가 너무 빠르지도, 느리지도 않아 큰 무리 없이 들을 수 있습니다.

TerryTV

'테리TV'는 '비꼬기(Sarcasm)' 화법을 수준 높게 구사하는 영어 채널입니다. 내용은 조금 어려울 수 있지만 정확한 발음 때문에 추천합니다.

기초를 넘어선 듣기 훈련이 필요한 분들에게는 자신이 아는 단어가 실제로 미국인이 말했을 때 어떤 느낌인지 아는 것이 굉장히 중요합니다. 어휘를 충분히 외워도 막상 외국인과 대화하면 안타깝게도 절반 이상은 들리지 않거든요. 나중에 알고 보면 이미 자신이 공부한 단어나 표현이었는데도 말이죠.

원어민이 직접 말하는 그 단어의 소리에 익숙해지기 위해 정확하게 말하는 외국인들의 채널을 보는 것도 좋은 훈련이 됩니다. 또 미국인들이 흔히 유머로서 쓰는 말에 어떤 이면과 뉘앙스가 담겨 있는지 경험해볼 수 있습니다.

FaZe Rug

미국에서 유명한 인기 e스포츠팀인 페이즈 클랜(FAZE CLAN)의 일원이지만, 게임 방송 대신 미국 내의 최신 트렌드를 다룬 일상을 주로 찍는 유튜버입니다.

　업로드하는 영상을 보면 엉뚱한 것들이 많아요. '하루 동안 람보르기니로 택시 기사 하기', '집 안에 구찌 매장 짓기', '6000만 원짜리 호텔 방에 묵기' 등등 제목만 읽어도 클릭을 하게 만들죠. 하지만 엉뚱한 내용과 달리 발음이 정확하고 말의 속도도 빠르지 않아 듣기 실력을 쌓는 데 도움이 됩니다. 어휘 또한 정제된 편이에요.

PewDiePie

세계에서 가장 많은 9500만 구독자를 보유하고 있는 퓨디파이 채널입니다. 일단 세계 1위 채널이니 유튜브로 영어 공부를 하는 분이라면 꼭 한번 보시길 추천합니다.

미국에서 지금 사용되는 슬랭과 유행하는 문화를 엿보기에 아주 좋은 콘텐츠가 많습니다. 구독자뿐만 아니라 팬들이 워낙 많다 보니 영상이 올라오면 각 나라의 언어로 자막을 만들어 올려줄 정도예요. 영어 자막은 유튜브의 기본 자막 생성 기능으로 볼 수 있고, 'Pewdiepie korean sub'이라고 검색하면 한글 자막이 붙은 영상들도 볼 수 있습니다.

DAILY DOSE OF 날라리DAVE

일명 'DDD' 채널이라고 부르는 날라리데이브의 세컨드 채널입니다. 메인 채널인 '날라리데이브'에서는 주로 일상을 담은 브이로그 콘텐츠를 다룬다면, 이 채널은 원어민들이 일상에서 정말 많이 사용하는 표현들을 짧게 전달해요.

영상의 길이는 웬만하면 2분을 넘지 않고, 한국말로도 흔히 하는 표현을 원어민들이 어떻게 말하는지 쉽고 간단하게 알려줍니다. 뿐만 아니라 현지인들과 소통하기 위해 꼭 알아두어야 할 미국 슬랭도 소개하고 있습니다.

4단계 :
표현 확장하기

진정한 의미의 프리 토킹을 위해서는 4단계를 넘어서야 합니다. 프리 토킹이란 분야를 막론하고 일정 수준의 대화가 가능한 것을 의미하니까요. 또 특별한 목적, 예를 들어 유학을 준비 중이거나 비즈니스를 계획한다거나 그저 영어를 더 잘하고 싶다는 욕심이 생겼다면 4단계를 통해 영어 표현을 확장해야 합니다.

유튜브에서 배운 다양한 표현에 고급스러운 어휘를 얹어서 유창하게 말하는 연습을 하세요. 뉴스 방송사의 공식 유튜브 채널을 제외하면 사실 유튜버들이 고급스러운 영어를 말하는 경우는 드뭅니다. 구독자와 좀 더 친숙해지기 위해 콘텐츠를 제작하기 때문에 똑똑하게 말하는 사람은 많이 있지만, 뉴스처럼 말하는 유튜버는 많지 않아요.

고급스러운 어휘나 표현을 익히고 싶다면 명사의 연설이나 강연 같은 콘텐츠가 도움이 될 거예요.

이 단계에는 앞서 다루지 않았던 명사의 연설, 뉴스 등과 같이 고급 어휘가 등장하는 영상을 보면서 동시에 토익 700점 이상의 필수 어휘들을 업그레이드해야 합니다. 영어로 프리 토킹을 할 수 있는 수준이라면 토익 700점이 다소 낮아 보일 수도 있습니다. 하지만 말을 할 때는 그 정도 어휘 실력으로도 충분합니다. 뉴스에 나오는 어휘의 80퍼센트는 이해할 수 있거든요. 저는 시험 성적으로 레벨을 나누는 걸 그다지 좋아하지 않지만, 독자분들의 이해를 돕기 위해 토익 점수를 언급했습니다.

또 검색에 쓰이는 언어를 영어로 바꾸는 등 일상에서도 영어를 마치 숨 쉬듯 사용하는 습관이 필요합니다. 6개월만 눈감고 노력하면, 누구나 시도해볼 수 있습니다.

강연 영상에 도전하기

4단계에는 가벼운 일상 영어 외에 주제에 따라 자신의 의견이나 생각을 좀 더 폭넓게 표현하는 연습을 해야 합니다. 이를 위해서는 좀 더 전문적인 어휘나 표현법들이 필요하죠. 이런 필요를 채워주는 것이 바로 유명한 명사들의 연설이나 강연 콘텐츠입니다.

영어의 귀를 뚫는다는 목적으로 입문 단계부터 뉴스 채널을 보는 분들이 있습니다. 하지만 아무리 아나운서들이 정확히 발음한다고 해도 그들이 사용하는 어휘 자체가 수준이 너무 높기 때문에 처음에는 North Korea밖에 들리지 않아요. 또 사회적인 이슈나 국제 이슈에 관심이 있는 사람이 아니라면, 일상 대화에서 뉴스 수준의 대화를 나눌 일은 거의 없습니다. 그러니 자신이 재미있거나 관심 있는 분야가 아니라면 굳이 뉴스 채널까지 찾아보라고 말씀드리고 싶지 않습니다. 다만, 유학이나 취업 면접을 앞둔 사람이라면 지나치게 사적인 화법보다는 이처럼 정제된 영어 구사 스킬을 익힐 수 있는 뉴스 채널을 보는 것도 도움이 될 수 있습니다.

고급스러운 회화 스킬을 익히는 데는 명사들의 연설이나 강연 영상으로도 충분합니다. 유튜브가 지금의 명성을 얻기까지 큰 역할을 한 것도 유명 대학이나 명사들의 강연 영상이에요. 하버드 대학의 명강의를 전 세계 어디서든 본다는 것은 유튜브가 아니라면 상상할 수도 없는 일이죠. 연설의 대가인 버락 오바마 전 미국 대통령의 하버드 대학교 졸업식 연설 영상이나 연설 영상의 레전드로 불리는 스티브 잡스의 스탠퍼드 대학교 졸업식 연설 영상 등은 꼭 한 번 챙겨 보세요.

기회가 된다면 직접 부딪쳐라

이 시기에 해야 할 가장 중요한 일은 '멘탈'을 단단하게 붙잡는 것입니다. 반년 이상 영어 공부에 몰입했는데, 영어 실력이 기대에 못 미칠 수 있습니다. 그럴 때 '역시 난 안 돼' 대신 '조금만 더!'라고 생각하는 뚝심과 자신감이 필요해요.

미국에서 10년 넘게 살아도 원어민과 영어로 대화하지 못하는 사람들이 너무나도 많습니다. 저는 자신감의 문제라고 생각해요. 만약 자신의 생각이나 일상에 대해 영어로 말할 때, 어떤 단어를 써야 할지 바로 떠오르지 않고 헷갈린다면 1~3단계를 조금 더 탄탄하게 다져야 합니다. 그런데 머릿속으로는 어떤 문장인지 어떤 표현인지 다 아는데도 입 밖으로 말이 나오지 않는 경우라면, 이건 직접 원어민과 부딪쳐서 해결해야 해요. 자신의 상태를 객관적이고 정확하게 파악해서 어떤 방법이 필요한지 판단해야 하죠.

만약 해외에 나갈 기회를 좀처럼 만들기 힘들다면 길에서 우연히 마주친 외국인과 가볍게 한두 마디를 나눈다거나, 스터디 그룹 등을 활용해보세요. 집 안에 앉아서 계속 표현만 외우고 혼잣말만 한다면 실전 실력으로 연결되지 않습니다.

제가 '영공공' 콘텐츠를 위해 인터뷰했던 분이 있어요. 최종적으로 제 콘텐츠와는 방향이 맞지 않아 채널에 영상을 올리지는 않았지만, 그분의 영어 공부 방식이 딱 '부딪쳐서 해결하자'였습니다. 그분은 이태원의 외국인 당구 모임이나 야구 모임을 찾아 가입하고는 한 번도 빠짐 없이 참석하면서 외국인과 직접 만날 기회를 끊임없이 만든 케이스였어요. 모임이 끝나고 외국인 친구들과 가볍게 맥주를 한 잔씩 하면서 대화를 나누고, 자연스럽게 영어 실력도 쌓았죠.

물론 처음에는 어렵습니다. 기회를 만들기도 쉽지 않죠. 하지만 어떻게든 외국인을 만나다 보면, 어디서 뭘 배우고, 어떤 희열을 느낄지 모릅니다. 막연한 두려움 때문에 시작조차 하지 않는 것보다는 이런 경험이라도 꼭 한 번 해보시길 권합니다.

동기, 그 이상의 동력을 찾아라

꾸준한 노력과 도전 끝에 영어로 프리 토킹이 가능해졌다면, 그때부터는 제가 영어 공부에 대해 조언하는 것이 크게 의미가 없을지도 모릅니다. 그 단계에 이르기까지 스스로 쌓은 노하우와 방법만으로도 충분히 영어 공부의 달인이 되었을 테니까요. 일단 그 점에 박수를 쳐드리고 싶어요. 만약 여기서 한 발 더 나아가고 싶다면, 이때부터는 새로운 동기와 목표의 싸움이라고 볼 수 있습니다.

저는 영어를 까먹지 않기 위해 지금도 매일 '의무적으로' 영어 콘텐츠를 접합니다. 제 아무리 원어민이라도 영어를 오랫동안 쓰지 않으면 단어도 잊어버리고 적절한 표현도 말하지 못하게 돼요. 언어는 매일 듣고 써야만 그 실력이 유지되는 속성을 가지고 있거든요. 아마 미국인들도 영어를 전혀 쓰지 않는 환경에서 몇 년간 지낸다면 단어나 표현이 자연스럽게 나오지 않을 거예요. 또 외국인과 완벽한 프리 토킹이 가능한 사람이라도 영어와 멀리 지내면 다시 영어에 적응하기까지 영어를 멀리한 시간만큼의 시간이 필요합니다. 영어를 쓰지 않는 시간만큼 매일 조금씩 실력이 떨어지는 것이죠.

그 때문에 어쩔 수 없이 매일 영어를 접해야 하는 사람이 아니라면 '영어를 잘함에도 불구하고 매일 영어를 공부해야 하는' 새로운 동기와 목표를 찾아야 합니다. 제가 계속해서 '재미있는 콘텐츠를 통해 영어를 공부하라'고 강조하는 것도 이 때문입니다. 일정 수준 이상의 영어 실력을 쌓기 위해서는 어느 정도 '학습식' 방법을 동원해야 해요. 하지만 그다음에는 마치 공기처럼 일상에서 자연스럽게 영어를 접할 수 있는 환경을 만들어야만 실력을 유지할 수 있습니다. '영어를 잘하고 싶다'는 강렬한 동기를 잊지 말아야 해요. 또 영어 공부의 동기와 동력은 유튜브에만 있는 것이 아닙니다. 스터디든 대인관계든 영어의 재미와 흥미를 식지 않게 해줄 그 무언가를 꼭 찾으세요.

저는 요즘 한국말 콘텐츠는 잘 보지 않습니다. 어차피 일상생활에서 늘 한국말을 쓰기 때문에 유튜브를 하는 동안만이라도 최대한 영어 노출 시간을 확보하기 위해서죠. 그래서 제 뉴스 피드를 보면 이제 한국어 콘텐츠는 거의 뜨지 않아요. 물론, 영어로 접하는 콘텐츠들이 훨씬 다양하고, 풍부하고, 재미있는 점도 한몫했지만요!

셀프 티칭으로 자신의 장단점을 파악하라

제가 영어에 대한 감을 잃지 않기 위해 꾸준히 하는 일이 바로 영상 촬영입니다. 꼭 유튜브 콘텐츠를 만들기 위해서가 아니라도 틈 날 때마다 영어를 말하는 스스로의 모습을 촬영하고, 그 영상을 모니터링하죠. 구독하는 유튜버의 영상은 빼놓지 않고 시청한 다음, 그가 사용한 표현이나 단어 중에 새로운 것이 있으면 따라 말하는 것은 기본이고요. 사회적으로 큰 이슈가 있다면 그에 대한 저의 생각을 자유롭게 말해보기도 합니다.

특히 저는 운전하는 시간을 많이 활용하는 편이에요. 혼자 차 안에서 스피칭을 하고 이걸 영상으로 녹화하는 거죠. 그 영상을 나중에 보면 '내가 어느 부분에서 말이 막혔구나', '어떤 단어가 생각이 안 났구나' 또는 '여기서 이런 표현을 썼으면 더 좋았을 텐데' 하는 것들이 한눈에 보이거든요. 특히 어느 정도 영어 실력을 갖춘 분이라면 자신이 어떤 부분을 틀렸고 어떤 부분에 취약한지, 셀프 티칭을 해보면 금세 파악할 수 있어요.

우리는 한국 사람이니까 한국말을 당연히 잘합니다. 그런데 모든 사람이 매끄럽고 정확하게 의견을 말하고 의사를 표현하나요? 아나운서처럼 군더더기 없이 명료하게 한국말을 잘하는 사람이 있는 반면, 이상한 언어 습관이 있거나 잘못된 문장을 구사하는 사람들도 많아요. 물론 당사자는 자신의 습관이나 실력을 잘 모르는 경우가 많죠. 하지만 듣는 사람은 "말을 참 조리 있게 잘한다", "한국말인데 하나도 못 알아듣겠네" 하며 단번에 판단이 가능해요. 영어도 마찬가지입니다. 자신이 하고 싶은 말을 얼마나 효과적으로 전달하는지 알고 싶다면 자신이 영어를 말하는 모습을 직접 보는 것이 가장 좋습니다.

셀프 티칭에서 중요한 것은 자신의 부족한 점을 나쁘게만 보지 말라는 거예요. 자신의 부족함이 크게 보이고, 단점으로 느껴지는 순간, 그건 자신감을 잃는 첫 발걸음이 되니까요. '부족하면 채우면 되지.' 딱 이 정도의 마인드로 셀프 티칭을 하세요. 몇 개월을 했는데도 왜 이럴까 하는 자괴감과 자기비하는 절대 금물입니다.

이제 영어로 마음껏 즐길 차례

4단계부터는 사실 제가 채널을 추천하는 것 자체가 무의미할 수 있어요. 어느 정도 채널을 보고 유튜버들의 수준을 가늠할 수 있는 눈이 생기거든요. 혹시 자신에게는 아직 그런 능력이 없다고 생각하신다면 당장 그런 생각은 버리는 게 좋아요. 정답이 있는 게 아니거든요. 그러니 자신을 믿고, 밀고 나가면 됩니다.

TED

기술(Technology), 엔터테인먼트(Entertainment), 디자인(Design)의 약자인 TED는 1984년 미국에서 시작된 비영리 단체로, 지금은 재능 기부 강연을 지칭하는 대명사가 되었습니다. 제인 구달, 빌 클린턴 등 세계적인 명사가 강연자로 나서는 것은 물론, 각계각층의 전문가들이 20분 남짓의 짧은 강연을 통해 '세상에 퍼뜨릴 만한 아이디어'를 공유하고 있죠. 단순히 특정 분야의 지식을 넘어 우리 일상을 보다 나은 방향으로 이끌어갈 수 있는 유익한 강연들이 많아 종종 찾게 되는 채널입니다.

　이 채널의 가장 큰 강점은 강연자들의 명연설을 들을 수 있다는 점이에요. 간결하지만 완성도 높은 문장 구사와 어휘, 수준 있는 표현 등을 사용하기 때문에 아주 세련된 영어를 접할 수 있습니다.

sWooZie

자신의 경험담을 맛깔스럽게 전달하는 유튜버로, 뜻은 잘 몰라도 왠지 키득키득 웃게 되는 채널입니다. 말하자면, '썰을 잘 푸는' 유튜버입니다.

　수많은 일상의 경험, 특히 자신의 연애담을 주로 활용하는데 재미있는 표현뿐만 아니라 실제 연애에 적용할 수 있는 연애 생존 팁(?)이 의외로 쏠쏠합니다. 예를 들면, '여자 친구가 다른 이성과 주고받은 문자를 티내지 않고 읽기' 같은 것들이죠.

　슬랭이나 말장난이 많은 것이 흠이라면 흠이지만, 비문이 많다는 사실을 알고 본다면 또 다른 언어의 맛을 경험하게 해주는 채널이기도 합니다.

nigahiga

1세대 유튜버로, 현재 2100만 이상의 구독자를 보유한 파워 유튜버입니다. 아주 수준 높게 잘 짜인 각본과 센스 있는 재치를 섞어서 엄청난 퀄리티의 영상을 선보이고 있죠. 영상 한 편에 얼마나 많은 노력이 들어갔는지 보기만 해도 감탄하게 됩니다.

다만 말하는 속도가 조금 빠른 편이라 어느 정도 영어를 잘하시는 분들이 즐겨 볼 만한 채널입니다. 그래도 자막이 비교적 정확히 표시되기 때문에 표현을 배우기에 좋습니다. 집중력 있게 도전 정신을 갖고 덤벼볼 만한 채널이에요.

h3h3Productions

아재 같은 푸근(?)한 외모를 보면 트렌디한 유튜버라는 것이 조금은 의아하게 느껴지기도 하지만 그만큼 친숙하고 정이 가는 채널입니다. 영상을 딱 1분만 보면 왜 그렇게 구독자가 많은지도 금세 알아차릴 수 있죠.

세련된 입담과 재치, 그리고 사안에 대한 신랄한 통찰력이 완벽한 조화를 이룹니다. 영어를 잘하는 사람들에게 유튜브의 치명적인 매력을 느끼게 해주는 데 부족함이 없죠. 다만, 그만큼 영어의 수준이 높은 편입니다. 아마 처음에는 듣도 보도 못한 표현들이 쏟아질 거예요. 그렇다고 거부감이 들지는 않습니다. 과하고 불편하게 들리지 않으면서도 고급스러운 영어를 유려하게 구사하는 것이 이 채널의 가장 큰 매력입니다.

Will Smith

우리가 알고 있는 바로 그 할리우드 스타 윌 스미스가 오픈한 유튜브 채널입니다. 자신의 할리우드 인맥을 동원(?)했나 의심이 들 정도로 일상 브이로그 영상의 퀄리티가 훌륭합니다.

게다가 윌 스미스 특유의 흥이 폭발해서 에너지가 화면 밖으로 전해지죠. 처음부터 끝까지 흑인 특유의 발음과 악센트가 강하고 말하는 속도도 빨라서 난이도가 높습니다. 우리가 아는 할리우드 스타의 일상을 영화관이 아닌 모바일 화면으로 엿본다는 콘셉트가 확실히 재미있고 독특한 면이 있습니다.

Mark Dohner

페이스북 개인 계정 중 최다 동영상 조회 수(3억 8000만 뷰)를 기록한 로건 폴의 친구 마크 도너가 운영하는 채널입니다. 여자 친구와의 일상을 재치 있게 풀어내 공감대를 얻고 있는데 착한 성품과 밝은 에너지를 가지고 있어서 부담 없이 보기 좋은 채널입니다. 트렌드에 밝은 유튜버이다 보니 최신 슬랭이나 현재 미국에서 일어나는 일들에 대해 자연스럽게 접할 수 있는 채널이에요.

FaZe Banks

앞서 소개해드렸던 '페이즈 러그'와 같이 e스포츠팀 페이즈 클랜의 일원으로, 주로 브이로그를 다루는 채널이에요. 페이즈 뱅크스는 욕도 서슴없이 하고 과격한 표현도 종종 사용하는 유튜버라서 교과서적인 영어를 배우고 싶은 분들에게는 다소 적합하지 않을 수 있어요. 다만 소신과 가치관이 상식적이고 확실하기 때문에 자신의 주장을 강하게 펴는 화법을 배우는 데 도움이 됩니다. 비교적 정확한 발음과 악센트를 구사하기 때문에 자막을 함께 보면서 영어를 배우기 좋습니다.

▶ 영어 공부에 활용할 수 있는
유튜브 기능

유튜브에는 사용자 편의를 위한 다양한 기능들이 있기 때문에 이를 활용하면 보다 다채롭게 즐길 수 있습니다. 여러 기능들이 있지만 여기서는 유튜브를 활용한 영어 공부를 보다 효율적으로 도와줄 기능들만 소개합니다.

자막 설정

영상이 플레이되고 있을 때 영상을 한번 누르면 활성화되는 우측 상단의 ':' 아이콘으로 들어가 자막을 설정할 수 있습니다. 유튜브로 영어를 공부할 경우 가장 많이 활용해야 하는 설정이죠. '자막'을 클릭하면 자막 on/off는 물론 영어, 한국어 등을 설정할 수 있습니다.

재생 속도

재생 속도는 자막을 설정하는 카테고리에서 같이 설정할 수 있습니다. 0.25배,

0.5배, 0.75배, 1.25배, 1.5배, 1.75배, 2배까지 속도를 조절할 수 있어요. 일반적으로 0.75배와 1.25배 정도의 속도가 가장 활용도가 높습니다. 처음 들을 때는 정속도로, 잘 들리지 않을 때는 0.75배 정도로 설정하고 들어보세요. 그렇게 내용을 전부 파악하고 나면 1.25배 정도로 빠르게 들으며 완벽하게 내 것으로 만들어보세요.

라이브러리

유튜브 메인 화면 하단의 가장 우측에 있는 '라이브러리'에는 자신이 그동안 시청한 동영상이 타임라인별로 기록되고, 자신이 업로드한 영상과 구입한 동영상, 별도로 저장한 영상(나중에 볼 동영상) 등이 카테고리별로 구분돼 있습니다.
라이브러리에서 가장 활용도가 높은 것이 바로 '나중에 볼 동영상'입니다. '구독'으로 챙겨봐야 할 영상이 리스트업되기는 하지만 '구독' 영상이 너무 늘어나면 놓치는 경우가 많아져요. 이럴 경우 당장은 시간이 없어서 보지 못하지만 나중에라도 봐야 할 영상은 라이브러리 내의 '나중에 볼 동영상'으로 저장해두세요. 그러면 잊지 않고 챙겨볼 수 있습니다.

동영상 저장하기

유튜브 영상이 재생되는 화면 아래에 '저장'과 '오프라인 저장'이 있습니다. '저장'은 라이브러리에서 관리할 수 있도록 '나중에 볼 동영상'으로 관리되는 기능입니다. '나중에 볼 동영상'도 각자의 입맛에 맞게 카테고리를 나누어 폴더별로 관리할 수 있습니다.

유튜브 영어 4단계 플랜

'오프라인 저장'은 유튜브 프리미엄에 가입해야 사용할 수 있는 기능입니다. 말 그대로 오프라인으로 영상을 저장해 인터넷 환경이 아닌 곳에서도 유튜브 영상을 즐길 수 있습니다.

Chapter 4

절대 진리 영어 공부법

영어 공부의 가성비를 높여라

영어회화의 시작과 끝, 단계별 섀도잉 공부법

독학으로 영어를 마스터한 거의 모든 분이 가장 첫 번째로 손꼽는 공부 비법이 있다면 바로 '섀도잉'입니다. 섀도잉이란 영상을 보면서 원어민이 말하는 것을 그림자처럼 똑같이 따라 말하는 것이죠. 영어를 가르치는 많은 전문가들도 섀도잉을 영어회화를 잘하기 위한 가장 중요한 트레이닝이라고 말합니다. 이유가 뭘까요?

섀도잉의 기본 원리는 먼저 귀로 들은 다음, 들리는 소리 그대로 입으로 따라 말하는 거예요. 발음이나 억양에 대한 기존 지식과는 상관없이 원어민의 말을 그대로 따라하는 것이기 때문에 실제 원어민의 발음과 톤, 억양으로 말할 수 있습니다. 꾸준히 하다 보면 원어민의 속도로 말하고, 듣고, 이해하는 수준에까지 도달할 수 있죠. 또 철저하게 듣기와 말하기로 구성된 훈련법이다 보니 영어로 말문을 트기 위해 꼭 필요한 과정이라고 할 수 있습니다.

제가 학생들에게 가르쳤던 섀도잉 방식은 조금 독특합니다. 먼저 단어나 문장을 따라하기 전에 원어민의 억양을 따라해보는 거예요. 영어는 같은 말이라도 억양에 따라 다르게 해석되는 경우가 많아요. 반면 우리말은 억양이 거의 없습니다. 그러니 문장을 매끄럽게 말하더라도 평소 우리가 말하는 것처럼 억양 없이 영어를 하면 원어민들은 굉장히 어색하게 받아들일 수 있어요. 때로는 내가 말한 의도가 제대로 전달되지 않을 수도 있고요. 때문에 단어를 따라 말하기 전에 원어민의 억양, 즉 인토네이션만 허밍으로 따라해보고 억양에 익숙해져야 합니다.

그다음 본격적으로 듣기를 시작합니다. 처음에는 문장을 반복해 들으면서 노트에 옮겨 적습니다. 이걸 딕테이션(dictation)이라고 합니다. 듣기 실력을 향상시키기 위해 외국어를 들리는 대로 받아쓰는 것이죠. 처음에는 문장 전체가 들리지 않기 때문에 여러 번 반복해서 들으며 일단 스스로 문장 하나를 완성합니다. 이렇게 했는데도 안 들리는 부분이 있다면 어떤 소리가 나는지 한글로 채워 넣어보세요. 그래야 따라 말할 때 말이 끊어지지 않으니까요.

다음은 받아 적은 문장을 원문 스크립트와 비교하여 확인하는 과정입니다. 내가 정확히 잘 받아 적었는지, 어떤 단어와 구문을 틀렸는지, 또는 듣지 못했는지 확인하고 체크하는 거예요. 그런 다음 이를 원어민이 어떻게 읽고 발음하는지 대조하며 들어봅니다. '이 단어를 이렇게 발음했구나' 하고 확인하는 거죠. 당연히 몰랐던 단어나 문장, 표현은 따로 정리해두고 외워야 합니다.

마지막으로 해당 문장을 원어민과 거의 똑같이 말할 수 있을 때까지 여러 번 반복해서 따라합니다. 아마 최소한 열 번 이상은 해야 원어민과 거의 같은 속도, 발음으로 말할 수 있을 거예요. 단어와 뜻은 이미 앞에서 확인했으니 이때는 의미나 해석보다는 발음이나 억양 또는 감정을 최대한 비슷하게 흉내 내며 말해보세요. 원어민과 완벽히 똑같아질 때까지요. 자신이 말하는 것을 녹음하거나 영상으로 찍어놓고 자신의 발음을 직접 확인하는 것도 좋은 방법입니다.

단, 섀도잉 훈련법에는 한 가지 주의할 점이 있습니다. 특히 회화 공부를 막 시작하여 1, 2단계를 거치고 있는 분들에게 당부합니다. 처음에는 원어민의 말이 잘 들리지도 않을뿐더러, 제대로 들었다 해도 똑같이 따라하는 것은 무척 어렵습니다. 심지어 스크립트를 보고 읽어도 원어민의 속도를 따라가기가 쉽지 않죠. 그래서 이 단계에서는 스크립트 전체가 아니라 문장의 기본 틀이 탄탄한 포인트 문장만 집중적으로 섀도잉하라고 말씀드리고 싶습니다. 말하자면 문장의 패

턴을 연습하는 것과 비슷해요.

초보자들이 단어를 따라하는 것에만 너무 집중하다 보면 문장이 어떻게 구성되어 있는지를 놓칠 수 있어요. 초보자일수록 문장의 구조가 어떻게 세워졌는지, 단어의 어순은 어떻게 놓였는지 등에 더 신경 쓰면서 연습해야 해요. 섀도잉하는 문장이 너무 길면 불필요하다고 느껴지는 부분을 과감하게 잘라내고 섀도잉하는 것도 방법입니다. 이렇게 훈련을 하다 보면 어느 순간 자신도 모르게 입에서 툭 하고 문장이 통째로 튀어나옵니다.

섀도잉에 적합한 영상이 따로 있는 것은 아니에요. 자신이 따라 말할 수 있는 수준의 영상이라면 뭐든 상관없어요. 반복해서 보고 들어야 하니 자신이 재미있게 볼 수 있고, 이왕이면 영어로 하고 싶은 말이 나오는 영상이라면 더욱 좋겠죠. 섀도잉이 어느 정도 익숙해졌다면 좋아하는 영상의 스크립트를 통째로 외워보는 것도 좋습니다.

섀도잉은 '말하는 영어'의 첫 단계입니다. 언제든 '섀도잉은 기본으로 한다'는 마음가짐으로 영어를 보고 듣는 순간마다 잊지 말고 섀도잉해보세요. 단어를 외울 때도, 문법 교재를 볼 때도 말이죠. 영어만 보면 조건 반사처럼 따라 말하는 수준까지 돼야 '말하는 영어'가 가능해집니다.

매일 영어로
음성 일기 쓰기

영어회화를 공부할 때 직접 말로 내뱉는 연습이 얼마나 중요한지는 이 책에서도 여러 번 강조했습니다. 입이 아프게 말해도 모자랄 만큼 정말 중요해요. 그런데 영어로 말하는 것이 마음만 먹는다고 가능한 일은 아닙니다. 당장 뭘 말해야 할지도 모르겠고, 한두 마디만 하고 나면 그다음 진도가 전혀 나가지 않거든요.

그래서 제가 추천하는 방식은 매일 밤 영어로 음성 일기를 쓰는 거예요. 자기 전에 침대에 누워서 단 5분, 아니 1분이라도 영어로 말을 해보고 이걸 녹음하는 거예요. "I ate breakfast(나는 아침을 먹었다). It was delicious(맛있었다)." 이 정도의 문장만 말해도 상관없어요. 사실 보다 현지인의 캐주얼함을 섞어서 말하고 싶다면 eat보다는 have를,

delicious보다는 good을 써서 "I had breakfast. It was good."이라고 말하는 것이 더 좋습니다. 그런데 군이 eat과 delicious를 사용한 이유는 처음부터 정확한 표현, 문장, 단어를 쓰기 위해 너무 많은 에너지를 쏟지 말라는 의미에서예요. 처음 시작할 때는 정확한 표현을 써야 한다는 부담감 없이 '영어로 말한다는 것'에만 의미를 두세요.

저는 음성보다 영상이 익숙하기 때문에 가끔 제가 말하는 것을 영상으로 녹화해서 봅니다. 영어 일기는 음성이든 영상이든 상관없습니다. 매일 영어로 말해본다는 것이 중요하니까요. 음성 일기는 언제 어디서든, 그러니까 불을 끄고 누워서 자기 직전에도 기록할 수 있어서 편해요. 군이 따로 시간을 만들 필요가 없죠. 영상도 언제 어디서든 찍을 수 있지만 익숙하지 않은 사람들에게는 조금 어색할 수 있습니다. 하지만 영어로 말할 때 자신의 표정이나 제스처 등을 전반적으로 볼 수 있다는 장점이 있죠. 둘 중 자신에게 더 맞는 방식을 활용하면 됩니다.

음성 일기가 좋은 이유는 '하루 일과에 대한 기록'이라는 주제가 주어진다는 거예요. 회화 공부를 하는 사람에게 무턱대고 "지금 기분을 영어로 말해보세요"라고 하거나 "아무 말이나 틈 나는 대로 하세요"라고 하면 무슨 말을 해야 할지 말문이 막힙니다. 사실 앞뒤 맥락을 모두 자른 듯한 이런 요구는 한국말로도 들어주기 힘들어요. 말을 못해서가 아니라 무슨 말을 해야 할지, 순간 멍해지니까요.

그러니 '오늘 하루의 일'이라는 주제로 매일매일 조금씩 말해보는 연습을 해보는 겁니다. 어떤 방식이든 상관없어요. 어떤 사람은 그날 특별히 기억나는 에피소드를 먼저 얘기하기도 하고, 어떤 사람은 아침부터 저녁까지의 일과를 쭉 늘어놓기도 해요. 그저 "I had breakfast."든 "I'm so tired."든 각자의 스타일대로 생각나는 말을 하면 돼요.

만약 영어로 바로 말하는 것이 어렵다면 가볍게 우리말로 정리한 뒤에 그걸 영어로 옮겨보는 것도 좋아요. 실제로 제가 학생들을 가르칠 때도 어제 일을 영어로 말해달라고 하니 제대로 하지 못하더라고요. 뭔가 거창한 이야기를 꺼내야 한다고 생각하는 것 같았어요. 그러다 우리말로 편하게 이야기해달라고 하니 소소한 이야기들로 잘 이어가더라고요. 입이 안 떨어진다면 우리말로 일기를 쓴다고 생각하고, 가장 먼저 떠오르는 문장을 영어로 말해보세요.

일기에 기록되는 내용들은 대부분 우리의 일상과 아주 밀접하게 연관돼 있습니다. 아침에 뭘 먹었는지, 누구를 만났는지, 직장에서 어떤 일이 있었는지, 데이트 중에 뭘 먹고 뭘 했는지, 특별한 가족 이벤트는 없었는지 등 우리가 숨 쉬듯 겪는 모든 일이 일기의 주제가 돼요. 심지어 아무런 사건·사고가 없는 평범한 하루조차 일기에 쓰면

153
절대 진리 영어 공부법

의미 있는 기록이 됩니다. "Today was good(오늘은 편안한 하루였다)."
라는 식으로 말이죠.

처음에는 아주 단순한 문장만 말하다가 영어로 음성 일기를 쓰는
것이 조금씩 익숙해지면 상황이나 기분을 좀 더 구체적으로 설명해
보세요. 표현을 천천히 늘려가는 것이죠. 일상의 에피소드를 주제로
말하기 때문에 일상에서 쓰이는 영어 실력을 키우는 데도 많은 도움
이 됩니다.

영어 음성 일기는 가능하면 매일 빼놓지 않고 기록하는 것이 좋아
요. 영어 공부를 하기로 마음먹은 순간부터 매일 자기 전에 영어 음성
일기를 쓴다고 생각하고 실천해보세요. 너무 바빠서 그날 공부를 하
나도 하지 못했더라도 자기 전에 딱 3분간 음성 일기를 쓰는 것만큼
은 절대 빼먹지 않겠다는 각오로 말이죠! 만약 매일 하는 것이 부담
스럽다면 일주일 중 영어 음성 일기를 쓰는 날을 정해놓고 그날은 무
슨 일이 있어도 꼭 일기를 쓰려고 노력하는 자세가 필요해요.

굳이 일기로 남길 얘기가 없다면 전날 공부하고 외운 표현이나 단
어를 쭉 생각나는 대로 말해보는 것도 괜찮아요. 영어 음성 일기는 좋
은 복습의 기회입니다. 실제 자기 목소리를 귀로 듣는 것과 녹음해서
듣는 것은 느낌이 정말 달라요. 상대에게 자신의 목소리와 발음, 억양
이 어떻게 들리는지 정확하고 객관적으로 알고 싶다면 녹음된 음성

이 큰 도움이 됩니다. 하루하루 어휘도 늘고 표현도 매끄러워지는 것을 스스로 느낀다면 긍정적인 동기부여가 될 거예요.

절대 진리 영어 공부법

표정과 몸짓까지 따라하라!

대화는 단순히 음성으로만 이루어지지 않습니다. 같은 말이라도 말할 때의 표정이나 제스처, 목소리의 강약에 따라 다르게 해석될 수 있어요. 특히 영어는 이런 비언어적 요소들을 많이 활용하는 언어입니다. 간단히 미드나 영화만 보더라도 그들의 표정이나 몸짓이 얼마나 풍부한지 확인할 수 있을 거예요. 동작도 크고, 톤이나 억양에도 감정이 많이 실립니다. 똑같은 말이라도 표정이나 제스처에 따라 전혀 다른 의미가 되기도 하죠. 우리나라 정서에는 조금 부담스럽고 과장되어 보이기도 하지만, 그것도 그들의 문화이고 일종의 대화 매너이니, 현지인들과 소통하고 싶다면 어느 정도 받아들여야 합니다.

실제로 이렇게 비언어적인 요소를 활용하면 회화 실력을 키우는

데도 큰 도움이 됩니다. 제 유튜브 채널에서 인터뷰했던 코리언빌리 님도 스스로 원어민이라고 생각하고, 마치 연극을 하듯 현지인을 똑같이 흉내 낸 것이 영어 공부에 도움이 되었다고 하셨죠. 앞서 소개했듯이 코리언빌리 님은 '영국인보다 영국 사투리를 더 잘하는 유튜버'로 영국 BBC방송에 출연해 자신의 영어 공부법을 알린 유명인이에요. 그가 강력히 추천하는 방법이 바로 이미지 트레이닝입니다. 늘 영상을 보면서 문장만 달달 외운 것이 아니라 영상 속 배우의 표정과 말투, 발음까지 똑같이 흉내 내는 연습을 꾸준히 했다고 해요. 마치 무대에 오른 배우처럼요. 그 결과 코리언빌리 님은 외국 생활을 한 번도 하지 않았음에도 영국식 영어를 완벽히 마스터했습니다. 뿐만 아니라 영국인들도 잘 모르는 영국의 지역 사투리까지 쓸 수 있게 되었죠. '영국인들한테 영국 사투리를 가르치는 한국인'이라는 타이틀은 그들의 말과 표정, 습관을 하나하나 똑같이 따라한 노력이 있었기에 가능했습니다.

물론 비언어적 요소를 연습하라고 해서 원어민들과 반드시 똑같은 말투, 표정을 사용해야 한다는 의미는 아닙니다. 100퍼센트 완벽한 복제가 아니라 원어민과 보다 자연스러운 소통을 위해 표정과 제스처도 충분히 활용하라는 의미죠. 기억해야 할 건 발음과 억양이 다소 어색하더라도 외국인 앞에서 주눅 들지 않는 당당함입니다. 자연스러운 표정과 몸짓은 이 당당함을 더 강화시켜주는 힘이 있어요.

아무리 영어로 말을 술술 잘해도 표정이나 제스처의 변화가 전혀 없다면 미국인들은 당신을 영원한 이방인, 외국인으로 생각할 거예요. 하지만 대화할 때의 태도나 몸짓, 표정 등이 자신들과 닮아 있다면 훨씬 친근감을 느낄 거예요. 영어는 단순한 의사 전달이 아니라 '소통'이에요. 지금 당장 거울을 보고 현지인처럼 말하고 행동해보세요. 마치 진짜 미국인이 된 것처럼요. 그럼 영어 공부가 훨씬 재미있을 거예요!

영어식으로
생각하는 법

제가 어릴 때 아버지가 한국과 미국의 문화적 배경과 차이에 대해 설명해주신 적이 있어요. 한국은 농경산업 위주로 발달한 사회이기 때문에 개인주의보다는 집단을 우선시하는 경향이 있고, 미국은 산업화를 기반으로 발전한 사회이기 때문에 조직보다는 개인을 우선시하는 경향이 있다고요. 논에서는 모두가 합심해서 목표한 분량의 일을 해내는 게 중요하지만, 공장에서는 자기가 맡은 공정만 잘 해내면 되기 때문이겠죠.

실제로 미국은 개인주의 문화가 극도로 발달한 사회입니다. 그래서인지 'ego(자아)'라는 말을 정말 많이 사용하죠. 조직을 위해 개인이 희생하는 것을 가치 있게 여기지 않고, 심지어 가족들끼리도 평소에는 철저히 독립된 생활을 해요. 물론, 할로윈이나 크리스마스처럼 특별한 기념일에는 무조건 가족과 함께 보내는 것이 이들의 특징이기도 합니다. 기념일에는 친구들과 놀거나 데이트를 하는 우리와는 조금 상반된 분위기죠.

이처럼 미국인들의 철저한 개인주의 성향은 언어에도 고스란히 드러납니다. 언어는 그 언어를 쓰는 사람들의 생각을 표현하는 도구이니 당연한 결과입니다. 영어를 배우는 분들이라면 종종 '원어민처럼 사고하라', '영어식으로 생각하라'는 조언을 들어봤을 거예요. 언뜻 들으면 무슨 말인지 바로 와 닿지 않죠. 제가 앞서 문화적 배경을 설명한 게 바로 그 말의 뜻을 설명하기 위해서였습니다.

예를 들어 설명해볼게요. 우리는 성(姓) 다음에 이름을 씁니다. '나'라는 주체보다는 어떤 가족에 속했는지를 중요하게 생각한 탓이죠. 하지만 영어는 이름을 먼저 적은 다음 성(family name)을 마지막에 적어요. 주소를 적을 때도 마찬가지예요. 우리는 나라와 도시를 적은 다음 구체적인 행정구역과 번지를 적는 반면, 영어는 번지부터 적은 뒤에 행정구역, 도시, 나라를 적습니다. 자신의 정확한 좌표부터 찍은 뒤에 큰 단위를 말하는 거예요. 날짜를 적을 때도 마찬가지예요. 우리는 년, 월, 일로 쓰지만 원어민들은 일, 월, 년의 순서로 적습니다.

영어권 사람들은 '나'를 중심으로 사고합니다. 내가 어느 나라에 속했는가보다 '내가 현재 위치한 좌표(번지 수)', 내 배경(성)보다는 '내 이름'이 더 중요하죠. 언어에도 이런 가치관이 배어 있어서 이유보다는 '결론'을 먼저 말합니다. '누가 어떻게 했다'를 설명하는 주어와 동사가 앞에 나오는 이유입니다. 반면 우리는 과정을 쭉 설명한 뒤에 '그래서 결국 어떻게 했다'라고 결론을 가장 나중에 말합니다. 그래서 이런 말이 있죠. '한국말은 끝까지 들어봐야 한다.'

영어를 더 효과적으로 빨리 배우기 위해서는 원어민들이 사고하는 방식을 연습해야 합니다. 의식적으로 영어식 어순으로 생각하는 습관을 들이는 거예요. 우리는 보통 우선 머릿속으로 한국말을 먼저 떠올린 다음에 영어로 변환해서 말을 하죠. 그런데 한국말 자체를 미국식 어순으로 생각한 뒤 변환한다면 속도가 훨씬 빨라질 거예요.

다들 이런 말을 들어보셨을 거예요. "우리말과 어순이 같은 일본어는 배우기가 쉽다. 영어와 같은 어순을 쓰는 중국인들은 영어를 상대적으로 쉽게 배운다." 저는 이 말에 100퍼센트 동의해요. 중국인들은 자기가 하고 싶은 말을 언어만 바꿔서 바로 뱉으면 되기 때문에 실제로 영어를 잘하는 사람이 많습니다. 하지만 우리는 어순을 바꿔야 하기 때문에 복잡해지죠. 일단 맨 뒤에 쓰는 동사를 앞으로 빼오는 것부터 시작해서, 뒤에 붙는 수식어들도 어떤 순서로 나열할지 생각하면서 말해야 하기 때문에 그 과정이 간단치 않아요.

그러니 이제는 어순을 바꿔서 생각하는 연습을 해보세요. '나는 학교에 간다'가 아니라 '나는 간다 학교에'처럼 말이죠. 전자보다는 후자가 "I go to school."을 뱉는 데 훨씬 도움이 된다는 것을 금세 깨달을 수 있습니다. 영어로 말할 때 주어 다음에 바로 동사를 내뱉을 수 있도록 수십, 수백 번씩 말로도 연습하세요. '결론(동사)부터 말한다'를 항상 기억해두면 어느새 영어식 사고방식에 익숙해진 자신을 발견할 수 있을 거예요.

놀면서 배운다!
데이브가 추천하는 영어 학습 앱

스마트폰 하나만 있으면 뭐든 되는 시대입니다. 유튜브는 스마트폰의 무궁무진한 가능성과 실용적인 기능을 보여주는 하나의 예일 뿐이죠. 스마트폰을 손에 쥐고 오로지 유튜브로만 영어 공부를 한다는 것은 좀 아까운 일이에요. 스마트폰을 활용하면 다양한 방법으로 영어를 공부할 수 있기 때문입니다. 그중에서도 제가 추천하는 것은 다양한 어학용 애플리케이션입니다.

저도 많은 분들과 마찬가지로 거의 하루 종일 스마트폰을 손에 쥐고 있습니다. 굳이 유튜브를 하지 않더라도 말이죠. 물론 영어 공부에도 시간을 할애하고 있어요. 앞서 잠깐 언급했듯이, 저는 지금도 계속 영어 공부를 하고 있습니다. 10대 시절을 미국에서 보낸 덕분에 영어를 자유롭게 구사하게 되었지만, 스무 살 이후 줄곧 한국에서 살다 보니 영어 실력이 하루가 다르게 떨어지는 것이 실감나거든요. 제가 특별한 케이스가 아니라, 이건 언어의 속성상 당연한 현상입니다.

말은 쓰지 않고 보지 않으면 잊어버리기 마련이에요. 주로 한국인 친구들과 한국말로 대화하고, 주변 환경이 모두 한글로 되어 있다 보니 자연스럽게 영어에 대한 감이 떨어지는 것이죠. 그래서 가끔 원어민 친구를 만나 대화할 때면 영어 단어가 잘 생각나지 않는다거나, 순간적으로 말을 버벅거릴 때가 있어요. 오랜만에 미국에 가면 더하죠. 하루 이틀 적응 기간을 거쳐야 현지인들과 긴장하지 않고 편하게 대화를 나눌 수 있거든요. 그나마 이것도 제가 틈틈이 영어 공부를 해왔기 때문에 가능한 일이죠. 제가 10대 때 익힌 영어 실력만 믿고 아무것도 하지 않았다면 제 영어 실력은 지금보다 훨씬 더 형편없었을 거예요.

제가 현재의 영어 실력을 유지하는 데는 유튜브뿐만 아니라 애플리케이션도 도움이 되었습니다. 스마트폰에는 정말 다양한 어학용 앱이 있어요. 그중에서 제가 자주 열어보는 앱은 마구시(Magoosh)에서 만든 어학용 앱입니다. 마구시는 SAT, GRE, IELTS, TOEFL 등의 시험에 대비하기 위한 모의고사를 개발하는 교육 기업인데, 시험 관련 내용뿐만 아니라 어휘를 위한 앱도 개발하고 있어요. Magoosh

로 검색하면 목적별, 용도별로 다양한 앱들을 볼 수 있으니 필요에 따라 활용해보세요.

학습 보조용 앱을 선택할 때는 여러 가지를 모두 사용해보고, 자신에게 가장 잘 맞는 것을 고르는 것이 중요합니다. 많은 사람들이 쓰는 앱이라고 해도 자기에게 맞지 않으면 무용지물이니까요. 어쨌든 앱이라는 것은 사용자가 의지를 갖고 열어봐야 하는 것이기 때문에 손이 가지 않는 앱은 아무리 잘 만들어져 있어도 소용이 없습니다.

앱의 기능이나 콘텐츠가 한눈에 들어올 정도로 깔끔하게 정리되어 있는지, 사용이 간편한지, 콘텐츠가 충실한지 등을 꼼꼼히 따져보세요. 유료 앱 같은 경우에는 사용자 유입을 위해 대개 무료 체험 기간을 제공합니다. 이때를 활용해서 돈을 주고 쓸 만한 앱인지 충분히 써보고 결정하세요. 또 무료 체험 기간이 없는 앱들은 아예 무료 체험이 가능한 베타 버전의 앱이 따로 있을 가능성이 높아요. 그러니 며칠 여유를 갖고 최대한 많이 앱을 사용해보면서 자신의 스타일을 파악하고 해당 앱을 리스트에 올릴지 말지를 결정해도 좋아요. 리뷰만 보고 자신에게 맞는 앱을 고르기는 어려우니까요. 언제 어디서든 틈 날 때마다 열어볼 수 있을 것 같은 앱, 그게 포인트입니다.

절대 진리 영어 공부법

날라리데이브가 추천하는 앱

IELTS Exam Preparation : Vocabulary Flashcards

마구시(Magoosh)는 각종 어학 시험에 필요한 단어를 공부할 수 있는 앱은 물론 문법, 표현, 스피킹 관련 앱들도 개발했습니다.

　그중 IELTS용 Vocabulary Falshcards 앱은 일상 영어회화를 공부하는 사람들이 꼭 알아야 할 단어와 표현을 정리해둔 앱이에요. 자신이 아는 단어는 'I knew this word', 모르는 단어는 'I didn't know this word'로 체크하면 아는 단어의 개수가 카운팅되어 나중에 그래프로 확인할 수 있습니다. 쉬운 단어는 몇 개나 알고 있는지, 또 중급 수준의 단어는 얼마나 알고 있는지 한눈에 파악할 수 있는 장점이 있습니다.

슈퍼팬

유튜브에 업로드된 영상과 클립을 활용해 표현을 알려주고 각자가 공부하는 만큼 하트가 적립되어 순위가 결정되는 일종의 게임식 학습 앱입니다. 가입할 때 셀럽, 드라마, 영화, 브랜드, 채널, 음악 등 수많은 카테고리 중에서 자신의 관심사를 체크하면 앱에서 사용자에게 맞는 영상을 선택해 피드에 우선적으로 업로드해줍니다. 그중에서 자유롭게 선택하고 영상을 보면 되는 것이죠.

영상은 대개 2, 3분 정도의 짧은 길이이고, 여기 소개되는 표현들은 모두 스크립트가 제공됩니다. 그중에서 꼭 익혀야 하는 '슈퍼 표현'의 경우, '대사 골라 담기' 기능을 통해 리스트로 관리하며 외울 수 있어요. 예를 들어 영화의 한 장면을 보여주면서 등장인물들의 대사를 한글 자막과 함께 소개합니다. 중요한 대사의 경우, 해석은 물론, 단어의 뜻이나 뉘앙스도 하단의 텍스트로 자세히 설명해주고, 그에 맞는 예문까지 알려주니, 캡처만 잘하면 따로 노트 필기를 할 필요가 없습니다. 영상별로 '초급/중급/상급' 또는 '미국발음/영국발음' 등으로 해시태그가 붙어 있기 때문에 사용자가 원하는 영상을 선택할 수 있습니다.

CAKE

매일 5~10개의 표현을 유튜브 영상으로 가르쳐주는 앱입니다. 영화나 드라마 장면으로 30초 정도의 짧은 영상을 만들고, 여기에 나온 유용한 표현과 문장을 반복 연습하게 하는 것이 특징이에요. 같은 장면을 세 번 이상 반복해서 보여주기 때문에 듣기 연습과 말하기 연습이 동시에 가능해요. 또 반드시 익혀야 하는 표현은 영상의 섬네일 하단에 빈칸이 들어간 문장으로 표시되기 때문에 영상을 플레이하기

절대 진리 영어 공부법

전에 스스로 문장을 만드는 연습도 할 수 있어요. 영상 속의 모든 대화는 스크립트로 제공되고, 해석도 같이 나오기 때문에 내용을 파악하기도 쉽습니다. 영상 하단의 '따라하기' 기능을 누르고 해당 문장을 따라 읽으면 곧바로 녹음이 되기 때문에 발음 테스트도 가능합니다. '오늘의 회화 따라하기'는 매일 다른 주제로 간단한 대화를 공부할 수 있는 기능인데, 터치하면 카톡 대화창처럼 텍스트가 뜨는 동시에 원어민의 음성이 나옵니다. 하루에 하나씩 스크립트로 공부할 수 있어서 교재를 찾고, 영상을 고르기조차 빠듯한 바쁜 직장인들이라면 틈틈이 활용하기 좋아요. 무엇보다 K-팝이나 먹방 등 유튜브에서 조회수가 높은 콘텐츠를 활용하기 때문에 영어 공부를 하는 것인지, 유튜브로 노는 것인지 헷갈릴 만큼 재미있습니다. 재미있는 영상들을 보면서 영어 공부까지 덤으로 하고 싶은 분들에게 추천하는 앱입니다.

Beelinguapp

여러 가지 언어가 동시 지원되는 오디오북 앱입니다. 〈빨간 모자〉, 〈미운 오리 새끼〉, 〈왕자와 거지〉 등 세계적으로 유명한 동화와 고전은 물론, 영어 초보들을 위한 간단한 문장과 단문 등도 지원됩니다. 리스트 중에 읽고 싶은 이야기를 선택하면 상단에는 원문(영어 외에 다른 언어도 지원이 가능합니다)이, 하단에는 한글이 지원되기 때문에 원어민이 들려주는 문장을 눈으로 읽고 바로 해석하면서 듣기와 읽기를 동시에 해결할 수 있어요. 특히 초보자들의 경우, 두 언어를 동시에 보고 내용을 이해하며 들을 수 있다는 장점이 있습니다. 원하면 한글 자막을 가릴 수도 있습니다. 각자의 듣기 실력에 맞게 원어민이 읽어 주는 속도를 조절할 수도 있어요. 고전 외에도 신문 국제면에 나올 만 한 이슈와 뉴스도 제공하기 때문에 자신이 원하는 콘텐츠를 선택해, 사운드와 텍스트를 동시에 활용할 수 있습니다. 원하는 문장을 탭하 면 바로 읽어주는 기능도 편리합니다.

HelloTalk

헬로톡은 언제 어디서든 외국인과 직접 문자를 주고받을 수 있도록 도와주는 채팅 앱입니다. 가입 시에 모국어를 설정한 다음, 배우고 싶 은 언어와 자신의 외국어 실력 등을 입력하면 서비스를 이용할 수 있 습니다. 위치 정보를 기반으로 파트너를 찾으면 일대일 대화가 가능 하고 문자도 바로 주고받을 수 있어요. '라이브'라는 기능을 활용하 여, 지금 당장 영어에 대해 궁금한 질문을 올리면 영어를 잘하는 누군 가가 대답을 해주기도 합니다. 일종의 실시간 채팅 같은 기능이죠. 공 부하다가 갑자기 어떤 표현이 궁금하거나 자기가 만든 문장이 문법 적으로 맞는지 궁금할 때 활용하기 좋아요. 언어뿐만 아니라 문화나

절대 진리 영어 공부법

해외여행 등에 대한 글도 자주 올라오기 때문에 원어민들의 문화를 간접적으로나마 파악할 수 있는 것도 장점이에요. 좋은 정보를 자주 올리는 사람들의 글을 팔로잉해서 따로 모아둘 수도 있어요.

TELLA

전국민이 사용한다는 앱 카카오톡을 활용한 채팅 타입의 영어회화 앱 텔라입니다. 별도의 앱을 다운받을 필요 없이 카카오톡에서 'TELLA'를 검색하고 '친구 추가'만 하면 끝! 매일 사용하는 카카오톡 대화창을 통해 직접 상담을 받고, 튜터와 연결해 채팅을 이어갈 수 있습니다. 내가 원하는 조건의 튜터를 선택해 주어진 주제와 표현, 패턴 등에 따라 대화를 이어가면 되는데 내가 쓴 문장을 바로바로 첨삭받을 수 있어 편하고 유용합니다. 별도의 교재를 준비할 필요도 없고, 대화창에 기록이 다 남기 때문에 복습을 하기에도 편리합니다. 또 언제 어디서든 접속해서 원어민과 문자로 대화를 주고받을 수 있고요. 수업이 진행되면 바로 성적표와 함께 실력을 분석해주는 점도 좋아요. 단 수업 횟수별로 이용료가 책정되기 때문에 다른 앱에 비해 다소 비싸다는 단점이 있습니다.

영어 유치원 부럽지 않은
영어 환경 만들기

사람들이 모든 현실적 제약을 떠나서 영어를 잘할 수 있는 가장 효과적이고 빠른 방법이 뭐냐고 묻는다면 전 이렇게 대답합니다. "가급적 어릴 때부터 자연스럽게 영어를 접하게 하세요." 다들 '영어 조기 교육'이나 '영어 노출'이라는 말을 들어보셨죠? 저도 그런 말들이 논쟁적이라는 사실을 모르지는 않습니다. 그래도 솔직히 말하면, 가급적 어릴 때부터, 그것도 많이 영어를 접하게 해주는 게 좋다고 생각해요. 단, 여기에는 조건이 있습니다. 첫째, 어린아이에게 지나치게 학습적인 측면을 강요하지 말 것. 많은 단어를 달달 외우게 하거나 문제를 많이 풀게 하지 말라는 거죠. 둘째, 원어민처럼 빨리 말하지 못한다고 닦달하지 말 것. 모든 아이들, 아니 모든 사람들이 무언가를 습득할 때는 저마다 필요한 시간이 있습니다. 그런데 일부 부모들은 아이가 빨리 하지 못한다고 조바심을 냅니다. 그런 식의 조기교육은 차라리 하지 않는 편이 낫다고 생각합니다. 어렸을 때 생긴 영어에 대한 안 좋은 이미지는 트라우마가 되어 오히려 영어에 대한 거부감만 키울 수 있거든요.

저는 대치동에서 영어 과외를 하면서 많은 아이들을 만났습니다. 처음 수업을 시작할 때는 교재도 없이 무조건 노는 것부터 시작해요. 물론 영어로요. 퍼즐도 하고 보드게임도 하면서 자연스럽게 영어를 사용하게 해요. 당연히 아이들은 처음에는 제가 무슨 말을 하는지 알아듣지 못합니다. 하지만 아이들은 게임의 규칙을 이미 알고 있기 때문에 제가 게임 상황 속에서 하는 말을 곧잘 유추해내곤 합니다. 그러면서 자연스럽게 제 말을 알아듣고는 다음에 자신이 같은 상황에 처하면 저의 말을 기억했다가 그대로 따라하지요. 이것이 영어에 대한 거부감을 없애는 1단계입니다.

그렇게 아이들이 저와 친해지고 영어에 대한 거부감이 없어지면 함께 영어 애니메이션을 보며 실제 영어 대화가 어떻게 이루어지는지를 관찰합니다. 좀 더 체계적인 회화의 예시를 보여주는 것이죠. 아이들은 저랑 게임을 할 때보다 훨씬 다양한 어휘와 상황을 애니메이션으로 접하게 됩니다. 표현이 풍부해지는 단계죠. 제가 주로 활용했던 애니메이션은 〈슈퍼 배드(Despicable Me)〉와 〈니모를 찾아서(Finding Nemo)〉였어요. 〈슈퍼 배드〉의 경우 영어가 익숙하지 않은 외국인이 주인공으로 등장하기 때문에 한국인이 들어도 발음에 크게 거부감이 들지 않아요. 물론 사용하는 어휘나 표현은 흠 잡을 데 없이 완벽하지요. 〈니모를 찾아서〉는 아이들이 워낙 좋아하는 애니메이션인데다, 표현들도 군더더기 없이 깔끔하죠. 이렇게 영어에 대한 호감도를 최대한 끌어올린 뒤에야 학습식 영어를 시작했습니다.

물론 개인마다 교육에 대한 가치관이 다르기 때문에 '영어 조기교육이 답'이라고 확언할 수는 없습니다. 만약 조기교육에 니즈가 있는 부모라면 유튜브를 활용해볼 것을 권합니다. 앞서도 말했듯이 유튜브에는 아이들을 위한 교육 콘텐츠가 엄청나게 많아요. 사실 없는 영상이 거의 없습니다. 그리고 그 모든 것을 0원으로 볼 수 있죠.

미국이나 영국의 어린이 방송 채널은 대부분 유튜브에 공식 채널을 가지고 있어요. 유튜브 채널에 접속하면 해당 콘텐츠를 마음껏 사용할 수 있어요. 〈텔레토비〉 시리즈로 한때 선풍적인 인기를 끌었던 영국 방송사 BBC는 어린이 전용 채널 'CBeebies'를 운영하고 있습니다. 〈세라와 오리(Sarah & Duck)〉, 〈고 제터스(Go Jetters)〉, 〈헤이 더기(Hey Duggie)〉와 같은 프로그램 영상은 물론, 숫자와 색을 가르쳐주는 〈넘버블록스(Numberblocks)〉 등 아이들의 눈높이에 맞춘 콘텐츠들이

절대 진리 영어 공부법

풍부합니다. 미국의 공영방송사인 PBS가 제공하는 어린이 채널 PBS KIDS도 좋아요. 〈아서(Arthur)〉, 〈슈퍼 와이(Super Why)〉 등 수준 높은 애니메이션과 음악, 콘텐츠로 무장한 채널입니다.

'어린아이들에게 유튜브라고?' 조금 의아하게 생각하시는 분들도 있을 거예요. 자극적인 영상에 노출될 위험성 때문이죠. 당연히 걱정해야 하는 문제입니다. 저 역시 유튜브를 통한 영어 노출은 어디까지나 보호자의 적절한 통제와 관리 하에서 이루어져야 한다고 생각합니다. 매일 정해진 시간에 보호자가 함께 있을 때만 유튜브를 보게 하거나, 아니면 유튜브의 미러링 기능을 통해 유튜브 영상을 모바일 화면이 아닌 TV나 컴퓨터 화면으로 보게 하는 것도 좋습니다. 아이들이 광고에 노출되는 것이 꺼려진다면 유료 서비스인 유튜브 프리미엄에 가입하여 광고 없이 영상을 보게 하는 것도 방법이에요. 유튜브 프리미엄에 가입하면 유튜브 뮤직이나 유튜브 오리지널 콘텐츠도 자유롭게 즐길 수 있으니 가성비 면에서 결코 나쁘지 않다고 봐요.

얼마 전에 《포노 사피엔스》라는 책을 읽었어요. 이 책은, 스마트폰이 '뇌'이자 '손'이 되어버린 현대인을 스마트폰이 낳은 신인류라 표현하고, '포노 사피엔스'라고 명명했어요. 인상적이게도 이 책의 저자는 보통의 학자들과는 달리 아이들에게 적극적으로 스마트폰을 쥐여주라고 주장했어요. "어버이 날 낳으시고 스마트폰 날 기르시네"라는 우스갯말처럼 요즘 아이들에게 스마트폰은 떼려야 뗄 수 없는 삶의 일부입니다. 이미 절반 이상의 초등학생이 스마트폰을 사용하고 있고, 그중 상당수는 유튜브를 통해 다양한 영상 콘텐츠를 접하고 있습니다. 저자는 앞으로 아이들이 살아갈 세상은 스마트폰을 얼마나 잘 활용하느냐에 달려 있기 때문에 스마트폰을 억지로 빼앗지 말라고 주장해요. 스마트폰을 금지할 것이 아니라 어떻게 활용하게 할지를 고민하라는 거죠.

유튜브는 어떻게 활용하느냐에 따라 성인에게도 아이에게도 최고의 영어 선생님이 되어줄 거예요. 비교육적이고 지나치게 자극적인 콘텐츠만 피한다면 언어뿐만 아니라 다양한 일상의 기술을 익히는 데도 이만큼 편리하고 방대한 정보를 제공하는 플랫폼이 없으니까요.

절대 진리 영어 공부법

회화 공부할 때
착각하지 말아야 할 것

지금까지 영어 공부법과 관련된 많은 이야기를 했습니다. 단계별로 집중해야 하는 공부법과 더불어 섀도잉과 비언어적인 요소가 중요한 이유도 말씀드렸습니다. 그런데 여기서 다시 한번 짚고 싶은 것이 있습니다. 바로 우리의 목표와 그것을 이루기 위한 방법입니다.

우리가 영어 공부를 하는 이유는 외국인과 영어로 자유롭게 대화를 하고 싶기 때문입니다. 그렇기에 회화가 가능한 영어를 공부해야 하는 것이죠. 회화가 가능하려면 무조건 말을 많이 해봐야 합니다. 즉 영어를 직접 말하는 연습량이 절대적으로 많아야 한다는 것이죠.

간혹 "6개월 동안 매일 집중해서 영어 공부를 했는데 전혀 실력이 늘지 않아요"라고 호소하는 분들이 있습니다. 이런 경우 거의 대부분

'말하기'가 아닌 다른 공부를 했을 가능성이 높습니다. 단어와 표현을 열심히 외우고, 문법도 공부하고, 리스닝도 열심히 했지만 정작 중요한 '직접 입으로 영어를 말하는 연습'은 거의 하지 않은 것이죠. 이런 분들은 말하기 실력은 늘지 않았지만 다른 영어 실력, 이를테면 듣기나 쓰기, 독해력은 분명 실력이 늘었을 거예요.

원어민들과 영어로 자유롭게 말하고 싶다면 스피킹을 집중적으로 연습하세요. 만약 하루 두 시간을 영어 공부에 할애하고 있다면, 이 중 최소한 한 시간은 영어로 직접 말하는 데 써야 합니다. '영어 공부 시간'과 '스피킹 연습 시간'을 결코 혼동해서는 안 됩니다. 표현 외우기, 듣기, 읽기는 스피킹 실력과 직접적인 관련이 없어요. 물론 약간의 도움이 될 수는 있겠지만요.

제가 강사 시절 학생들에게 늘 했던 말이 있습니다. "수업을 들은 건 배운 게 아니다. 그저 보고, 듣고, 느꼈을 뿐, 네 것이 아니다"라고요. 배우고 공부한 것을 진짜 나의 말, 나의 언어 실력으로 만들기 위해서는 내가 직접 말해야 합니다. 그것도 계속해서요. 유튜브 영상을 하루 종일 보더라도 그건 영어를 접하는 것일 뿐이에요. 그게 실력으로 이어지려면 보고 들은 것을 정리하고, 직접 말해보는 연습이 꼭 필요합니다. 반복된 말하기 훈련이야말로 회화 실력을 키워주는 가장 빠르고 확실한 방법이에요.

절대 진리 영어 공부법

또 하나 중요한 것이 바로 '복습'입니다. 하루 동안 외우고 말했던 문장을 다음 날 또 한 번 말해보고, 그다음 날 또 말해보는 습관이 정말 중요해요. 이를 최소한 일주일 이상 반복해야 하나의 문장이 완벽하게 내 것이 됩니다. 1년 내내 수업에 한 번도 빠지지 않는 성실한 학생이 있었는데, 그 사람의 영어 실력은 하나도 늘지 않았어요. 바로 '복습'을 하지 않았기 때문이죠. '내가 직접 영어로 말하는 시간이 곧 나의 영어 공부 시간이다! 그리고 반복해서 복습하자!' 회화를 잘하고 싶은 분들이라면 반드시 기억하세요.

BTS RM의 100퍼센트 노력과
의지로 완성한 원어민 영어

강사 시절을 거쳐 유튜브를 통해 꾸준히 영어를 가르치면서 가장 안타까웠던 것이 하나 있습니다. 생각보다 많은 학생들이 공부를 시작하기 전부터 목표의 한계를 정해놓는다는 점이었어요. 물론 마음으로는 모두들 원어민들과 전혀 거리낌 없이 자유롭게 대화하는 것을 꿈꾸기는 하지만, 실제로는 사실상 힘들다고 생각하는 것이죠. 영어를 공부하기엔 이미 늦은데다 해외 경험 한 번 없이 국내에서만 원어민 수준의 영어 실력을 쌓는 것은 불가능하다고 생각해요.

이런 분들에게 제가 꼭 추천하는 롤모델이 바로 BTS(방탄소년단)의 리더 RM입니다. 저는 영어를 이제 막 배우기 시작한 분들, 그중에서도 특히 '원어민처럼 되는 건 불가능해'라고 스스로 한계를 짓는 분들에게 RM의 영어 실력 변천사를 꼭 보라고 말씀드리고 싶어요.

BTS는 현재 세계적으로 가장 큰 팬덤을 보유한 글로벌 스타입니다. 국내에서는 콘서트가 아닌 이상 모습을 보기 힘들 정도로 빽빽한 해외 스케줄을 소화하고 있죠. BBMA(Billboard Music Awards), 미국의 유명 토크쇼인 〈엘런쇼〉, AMA(American Music Awards) 등 BTS가 등장하는 무대의 스케일도 어마어마해요. 당연히 시시때때로 원어민들과의 인터뷰가 이어집니다. 이럴 때 주로 대화의 전면에 나서는 사람이 바로 리더 RM입니다.

원어민이 아무리 빠른 속도로 말하더라도 질문의 요지를 정확하게 파악하고 대답하거나, 짓궂은 농담에도 재치있게 응대하는 RM을 보면 당연히 유학 경험이나 해외 생활 경험이 있을 것 같다는 생각이 들어요. 하지만 이미 알려졌다시피 RM은 유학은커녕 해외 생활 경험도 전무한 100퍼센트 국내파 영어 실력자입니다.

RM이 처음 영어 공부를 시작한 건 중학교 때 미드 〈프렌즈〉를 통해서였다고 해요. 당시 미드나 영화 DVD를 활용한 '엄마표 영어'가 한창 인기를 끌 때였는데, RM 또한 어머니의 강권에 못 이겨(?) DVD를 독파했다고 합니다. 처음에는 한글 자막으로 보고, 그다음에는 영어 자막, 그리고 나중에는 자막 없이 꾸준히 반복해서 보는 방식으로요. 그렇게 아주 기초적인 영어 회화의 틀을 만들었는데, 그렇다고 그때 영어를 아주 잘했던 것은 아닙니다. 실제로 2015년 RM이 스무 살이 됐을 무렵 찍은 영상을 보면 RM의 영어 실력은 그다지 뛰어나지 않아요. 더듬더듬 문장을 완성해나가지만 매끄럽지 않은 표현을 쓰거나, 종종 오글거리는 표현을 사용하기도 하죠. 누가 봐도 '초보 티'가 팍팍 납니다.

그런데 놀라운 것은, 이후 그의 인터뷰 영상을 보면 믿기 힘들 만큼 실력이 향상되었다는 거예요. 불과 1~2년 후의 영상인데 전혀 다른 사람처럼, 거의 원어민에 가깝게 말을 하죠. RM이 구체적으로 어떻게 공부했는지는 알 수 없지만 살인적인 스케줄을 소화하면서 단기간에 그 정도로 실력이 늘었다는 것은 엄청난 개인적인 노력이 있었다는 의미예요. 연예인이니까 비싼 과외 선생님이 있었을 수도 있고, 해외 경험이 많으니까 영어 실력이 느는 것은 당연한 일 아니냐고요? 천만에요. 미국에서 10년 가까이 살았는데도 영어를 잘 못하는 사람도 많이 봤고, 일대일 과외 선생님을 두고도 실력이 늘지 않는 연예인들도 많이 봤습니다. RM의 영어 실력이 향상된 것은 그만큼 개인의 노력과 의지가 있었기에 가능한 일이에요. 아무리 좋은 환경, 최상의 조건을 갖추었더라도 본인이 하지 않으면 언어 실력은 늘지 않아요. 반대로 말하면, 주어진 환경과 상관없이 의지를 갖고 도전한다면 원어민처럼 영어를 하는 것도 전혀 불가능한 목표가 아니에요. 이미 우리는 공부 방법과 좋은 교재를 가지고 있으니까요.

RM이 영어를 하는 모습을 보면 유창성이나 발음은 이미 원어민에 가깝습니다. 아주 가끔 원어민스럽지 않은 표현을 쓸 때도 있지만, 그 순간에도 RM은 자신감이 넘치기 때문에 원어민처럼 보여요. 제가 높이 사는 또 하나의 포인트는 바로 RM의 강인한 멘탈입니다. 사실 빌보드 어워드나 〈엘런쇼〉 같은 토크쇼는 원어민들도 긴장해서 말실수를 할 만큼 크고 영향력 있는 무대예요. 그런데 RM은 그런 무대에서 오로지 정신력 하나로 1퍼센트의 부족한 영어 실력까지 완벽히 커버하는 모습을 보여주죠.

'난 안 될 거야, 이게 가능하겠어.' 이런 생각이 든다면 유튜브에서 RM이 영어로 말하는 모습을 꼭 찾아보세요.

절대 진리 영어 공부법

나는 이렇게 공부했다

유튜브 공부의 신들이 말하는 영어 공부법

▶

영어,
공부법,
공유

2018년 말, 제 유튜브 채널에서 기획했던 콘텐츠가 하나 있습니다. 바로 '영공공' 시리즈. 이 시리즈를 시작한 것은 단순한 이유에서였습니다.

한국에는 혼자 영어 공부를 하는 사람들이 정말 많습니다. 하지만 독학으로 성공하기란 쉽지 않죠. 대부분 포기하거나 실패합니다. 그럼에도 분명 혼자 공부해서 성공한 사람들이 있어요. 그들은 어떻게 공부했을까, 다른 사람들과 그 방법들을 공유할 수는 없을까 고민하다가 그들을 제 유튜브 채널에 초대해 영어 공부법을 공유하면 좋겠다는 생각을 하게 되었습니다. 그래서 독학으로 영어를 공부해 원어민 수준에 오른 분들을 직접 만나 공부법을 물어보는 기획을 하게 되었죠.

영공공 시리즈를 기획하면서 세 가지 원칙을 세웠습니다. 첫째, 100퍼센트 토종 한국인일 것. 그러니까 외국 생활은 물론 어학연수나 유학을 하지 않은 분들을 섭외하고 싶었어요. 영어 환경에 던져진 것 자체가 영어 공부에는 엄청난 이점이니까요.

둘째, 혼자 힘으로 자신만의 공부 스타일을 찾은 사람일 것. 영어 공부에 정석은 없어요. 각자 자기에게 맞는 영어 공부를 찾아가야 합니다. 하지만 나에게 맞는 것을 찾아가는 것은 어렵죠. 그래서 자기만의 공부법을 찾은 사람들의 이야기를 듣는 것 자체가 큰 도움이 됩니다. 다양한 사례를 접하며 스스로 시도해보는 것만큼 좋은 방법은 없거든요.

마지막으로 그렇게 일군 영어 실력이 현지인과의 의사소통에 문제가 없을 정도로 완성도가 있을 것. 국내에서 자기만의 공부법으로 공부를 했지만 영어를 여전히 못한다면 아무 의미가 없어요. 그 실력이 누가 봐도 인정할 정도는 되어야 영어 공부법을 공유할 의미가 있다고 봤습니다.

이 세 가지 원칙과 더불어 유튜브 영어 공부와의 연관성도 집중해서 살펴봤습니다. 영어 공부를 할 때 유튜브를 활용했는지, 활용했다면 어떤 방식으로 어떤 효과를 얻었는지, 영상을 이용한 공부의 장단

점에는 어떤 것들이 있는지 등등을 인터뷰했어요.

그렇게 지금까지(2019년 6월 기준) 총 네 편의 영공공 시리즈가 공개되었고, 지금도 계속 기획 중에 있습니다. 실제 영공공 시리즈는 구독자들에게 큰 호응을 얻었습니다. 아무래도 실질적인 사례이기 때문에 같이 공부하는 사람들에게 더 크게 가 닿았던 것 같아요. 다음 편은 언제 올라오느냐는 질문이 쏟아졌고, 그 질문은 지금도 계속 이어지고 있어요.

영공공 시리즈의 업로드가 다른 것들보다 더딘 것은 앞의 세 가지 원칙을 지키는 것이 쉽지 않았기 때문이에요. 어떤 분은 두 가지 조건은 충족했지만 막상 인터뷰를 해보면 영어 실력이 좋지 않았고, 또 어떤 분은 조기유학의 경험이 있는 경우도 있었어요. 다른 콘텐츠와 달리 영공공 시리즈는 촬영을 끝내고 영상을 폐기한 경우도 있었습니다.

그만큼 엄격하게 만들었던 영상이기에 책을 통해 더 많은 분들과 영공공 콘텐츠를 공유하고 싶었습니다. 혼자 오랫동안 공부를 하다 보면 쉽게 지치기 마련이에요. 이게 맞나, 싶은 순간들도 시시때때로 찾아오죠. 이럴 때 비슷하게 공부한 누군가의 얘기를 듣다 보면 미처 생각하지 못했던 실마리를 찾을 수도 있고, 공부의 힌트를 얻을 수도 있습니다. 영공공 시리즈가 그런 역할을 할 수 있다면 좋겠어요.

신기하게도 영공공 시리즈에서 인터뷰한 분들의 공부법은 어딘가 모르게 비슷한 부분들이 있습니다. 가장 큰 공통점은 그들에게 영어는 애초에 '목표'가 아닌 '수단'이었다는 사실입니다. 처음에는 새로운 일에 도전하기 위해, 또는 좋아하는 것을 더 잘 즐기기 위해 영어를 공부하기 시작했다가 일정 수준 이상이 되자 탄력을 받아 영어 실력이 일취월장한 분들이 많았어요. 이런 얘기들을 들으면서 저는 영어 공부에는 '즐거움'과 '재미'가 반드시 수반돼야 한다는 확신을 더욱 갖게 됐죠. 모두 영어에 대한 호감과 호기심도 컸습니다. 영어로 '말하는 데' 많은 시간을 할애했다는 것도 공통된 부분이었어요.

사람마다 성향이 다릅니다. 그래서 특정 공부 방법이 모두에게 효과가 있기를 바라는 것은 애초부터 불가능한 전제일지 몰라요. 다만 이분들의 사례를 통해 자신에게 좀 더 맞는 공부 스타일을 찾아보고, 시도해볼 수 있을 거예요. 필요하다면 벤치마킹도 해보세요. '영공공' 시리즈에 나온 분들의 이야기가 조금이나마 도움이 되길 바랍니다!

유튜브 독학으로 외국인도 반한 영어 실력자가 되다

- WORDGASM -

유튜브로 '혼영공'의 달인이 된 20대 청년

유튜버 워드가즘 님은 '혼영공(혼자 영어 공부하기)'의 달인입니다. 제 기준으로는 우리가 영어에 대해 어떤 태도를 지녀야 하는지를 보여주는 가장 완벽한 모범답안이죠.

어린아이부터 성인까지 수많은 사람들에게 영어를 가르치면서 제가 내린 결론 중 하나는 '영어에 대한 노출이 제한적인 환경에서 단기간에 영어를 잘하는 것은 사실상 불가능하다'는 것입니다. 하지만 사막에도 꽃이 피듯, 불가능을 가능으로 만드는 사람들이 있는데, 그 대표적인 예가 '목표가 뚜렷한 사람' 그리고 '영어 공부 자체를 즐기는 사람'이에요. 워드가즘 님은 이 두 가지에 모두 해당하는 경우라고 볼 수 있습니다.

워드가즘 님은 고등학교 1학년 때만 해도 영어에 대한 관심이 전혀 없었습니다. 그냥 중학교 수준의 문법과 단어를 알고 있는 것이 전부였죠. 대신 '사진'에 꽂혀 있었다고 해요. 어떻게 해서든 사진을 잘 찍고, 깊게 배우고 싶어서 유튜브를 보기 시작했습니다.

> "당시 유튜브에 업로드된 수십, 수백 개의 튜토리얼 영상은 저한테 큰 도움이 되었습니다. 평범한 고등학생이 세계적인 사진가들의 스킬이나 정보를 얻는 데 유튜브는 최고의 플랫폼이죠. 친구들은 한창 본격적으로 수능 준비를 시작할 무렵에 저는 유튜브에 빠졌어요. '사진'을 주제로 한 모든 콘텐츠를 찾아봤죠. 그런데 우리말로 찾는 자료에는 한계가 있더라고요. 영어를 알면 질 좋은 자료를 훨씬 많이 볼 수 있는데 영어를 모르니 답답했어요. 처음 영어를 공부한 건 사진 영상을 보기 위해서였어요."

처음에는 일단 닥치는 대로 듣는 것부터 시작했습니다. 유튜브는 워드가즘 님에게 '영어 학원'이었고 그곳에서 만난 배우, 코미디언, 아나운서, 사업가들이 모두 영어 선생님이었던 거죠. 워드가즘 님은 학교에서도 유튜브 보는 것을 멈추지 않았습니다. 1교시부터 7교시까지 학교에서 종일 유튜브만 보고, 수업이 끝난 뒤에도 종일 영어 영상만 봤다고 해요.

치열한 입시 경쟁에서 어떻게 그게 가능했을까요? 방법은 의외로 간단했습니다. 주변에 내 꿈과 목표를 당당하게 밝히는 거죠. 애초에 다른 학생들처럼 수능을 보고 대학에 들어갈 생각이 없었기 때문에 자신이 하고 싶은 공부에 마음껏 시간을 투자할 수 있었고, 선생님과 친구들도 '쟤는 하루 종일 유튜브로 사진 공부만 하는 아이'로 인정해 준 거예요. 언제 어디서나 유튜브를 볼 수 있는 아이패드와 시간까지 제 편으로 만들었으니, 이제 워드가즘 님의 영어 실력은 날개 달 일만 남았던 셈입니다.

영어 잘하고 싶으면 한 놈(?)만 봐라?!

한국말과 영어의 가장 큰 차이를 꼽자면 '인토네이션'을 들 수 있어요. 한국말에 없는 다양한 인토네이션이 영어로 커뮤니케이션하는 데는 아주 중요한 요소로 꼽힙니다. 인토네이션이란 단어나 문장을 말할 때 억양에 변화를 줌으로써 전달 형식이나 말하는 사람의 심리를 표현하는 거예요.

워드가즘 님이 영어로 말하는 것을 들어보면 발음과 표현도 뛰어나지만, 원어민에 가까운 인토네이션을 구사합니다. 이는 단순히 단어나 표현을 많이 외워서 가능한 것이 아니라, 원어민들이 타고난, 영어에 대한 감각을 자기 것으로 체화해야 가능한 일이죠. 심지어 직업이 성우가 아닌가 의심스러울 정도로 목소리까지 영어에 찰떡궁합으로 어울립니다. 어떻게 가능했던 걸까요?

"처음 영어 공부를 시작했을 때 '영어를 한다면 저 사람처럼 말하고 싶다'는 마음속의 롤모델을 정했습니다. 그리고 그 사람의 영상만 1년 이상 반복해서 봤죠. 그 사람의 말투, 억양, 사소한 습관, 심지어 목소리까지 따라하려고 노력했어요. 그러다 보니 어느 순간 그 사람이랑 비슷하게 말하게 되더라고요. 그렇게 저만의 목소리를 만든 뒤에 다양한 사람들의 영어를 접한 것이 큰 도움이 되었어요. 실제로 영어를 한 뒤에 '목소리가 전과 많이 달라졌다'는 얘기도 많이 들었습니다."

앞서도 계속 강조했던 것처럼 영어는 인토네이션이 굉장히 중요한 언어입니다. 그런데 모두가 똑같이 인토네이션을 사용하지는 않아요. 예를 들어 흑인 래퍼와 앵커의 인토네이션은 분명 차이가 납니다. 만약 이 둘을 섞어서 듣는다면 어떤 것을 기준으로 말해야 할지 굉장히 헷갈릴 수 있어요. 영어를 자유자재로 말할 수 있으면 상황이나 분위기에 따라 그때그때 다른 톤을 구사할 수 있지만, 이제 막 초보 딱지를 뗀 분들이라면 한 명을 집중적으로 공략해 그 사람의 톤이나 억양을 흉내 내는 것도 방법일 수 있어요. 워드가즘 님은 톤이나 억양, 목소리 등 순수하게 말하는 모습에서 호감이 느껴진 유튜버를 찾아 그를 흉내 내는 방식으로 말하기 연습을 했습니다.

"어떤 사람을 롤모델로 할까 고민하다가 고른 유튜버가 바로 제이슨 실바(Jason Silva)라는 철학자입니다. '두려움이란 무엇인가?', '누군가를 진심으로 알 수 있는가?', '가상의 미래' 같은 철학적인 주제를 쉽고 흥미롭게 풀어내는데요, 무엇보다 말을 굉장히 우아하게 잘합니다. 깔끔하고 세련된 어휘, 문법, 표현을 구사하고, 또렷한 말투 덕분에 처음 영어를 배울 때 많이 도움이 됐어요. 제이슨 실바의 말투와 목소리를 따라하려고 정말 많이 노력했죠. 또 한 명은 앤드루 챙(Andrew Chang)이에요. 동양인 최초로 캐나다 CBC인터내셔널 뉴스 채널의 메인 앵커가 된 사람이죠. 앵커답게 똑 부러지는 발음과 교과서에 가까운 억양을 구사하는 사람입니

나는 이렇게 공부했다

다. 영어 공부를 하는 분들에게 꼭 추천하고 싶은 분들이에요."

워드가즘 님은 영어 독학 7년 차에 드디어 본인이 선망하던 롤모델과 같은 목소리와 억양, 그리고 완벽한 원어민 표현까지 구사할 수 있는 영어 실력자가 되었습니다.

즐기는 자에게 '포기'란 없다

워드가즘 님은 그렇게 꼬박 2년 동안 유튜브를 봤고 영어가 일정 수준 이상 자리를 잡았습니다. 그때가 막 스무 살이 됐을 때였죠. 자신감이 붙은 그는 내친김에 캐나다로 갔습니다. 고등학교를 졸업하자마자 대학 진학을 위해 캐나다로 떠난 거죠.

캐나다에 막 도착했을 때 외국 친구들이 하나같이 "너 영어 할 줄 아는구나!", "발음이 엄청 좋네." 하며 그의 영어 실력에 놀랐다고 해요. 저도 충분히 이해가 갑니다. 처음 워드가즘 님의 영상을 보고 '뭐야? 한국에서 단 2년 동안 공부해서 영어를 이렇게 잘한다고?' 하고 놀랐으니까요. 이런 그도 혹시 어렵고 힘들어서 영어 공부를 그만두고 싶을 때가 있지 않았을까요?

"저한테 영어는 '포기'라는 개념 자체가 어울리지 않는 영역이었어요. 왜냐하면 전혀 공부한다는 생각을 해본 적이 없거든요. 사진에 대한 영상을 볼 때 그건 영어가 아니라 제가 좋아하는 사진을 보고 배우는 시간이었기 때문에 '공부해야 한다'는 의식조차 없었거든요. 또 본격적으로 영어 공부를 한 뒤에도, 그 덕분에 사진 관련 자료를 더 많이, 그리고 편하게 볼 수 있어서 스트레스는 전혀 받지 않았어요. 아마 숙제처럼 영어 공부를 했다면 결코 지금과 같은 결과를 얻지 못했을 거예요."

분명한 삶의 목적이 있고 그 수단으로서 영어를 활용한 워드가즘 님. 영어가 공부라는 인식이 없었기 때문에 지치지 않고 즐겁게 영어를 공부할 수 있었고 결과도 좋았습니다.

워드가즘 님의 새로운 목표는 '좋은 스피커'가 되는 것입니다. 웅장한 오케스트라의 연주를 스마트폰으로 들을 때와 값비싼 스피커를 통해 들을 때, 전해지는 감동은 하늘과 땅 차이입니다. 워드가즘 님은 스스로 좋은 스피커가 되어 많은 사람들에게 의미 있고 감동적인 메시지를 전하고 싶다는 새로운 꿈을 꾸고 있어요. 영어를 배우면서 인생의 새로운 목표까지 갖게 된 워드가즘 님의 이야기가 여러분들에게도 좋은 동기부여가 되었으면 합니다.

나는 이렇게 공부했다

9개월 만에 모두를 놀라게 한 여신 크리에이터

- 뷰신 -

자신의 목표를 주변에 공표하라!

'뷰신' 님은 2만 구독자를 보유한 뷰티 크리에이터입니다. 보통 뷰티라고 하면 영어와는 아주 무관한 영역이라고 생각하기 쉬워요. 그런데 놀랍게도 뷰신 님은 대부분의 콘텐츠를 영어로 제작하고 있습니다.

뷰신 님이 영어 공부를 시작한 계기는 뜻밖에도 해외의 유명 페스티벌 때문입니다. 우연히 세계에서 가장 큰 EDM 페스티벌인 벨기에의 '투모로랜드(Tomorrowland)'에 참석했다가 수많은 외국인을 만나면서 영어 공부에 대한 욕심이 생겼습니다. 페스티벌에 참석한 사람들이 음악, 디제이, 문화에 대해 마음껏 이야기를 나누는 동안 자신은 말 한마디 하지 못하고 꿀 먹은 벙어리가 되어 있었거든요. 이를 계기로 뷰신 님은 '반드시 영어를 마스터하겠다!'는 목표를 세웠습니다. 많은 분들이 해외여행을 다녀온 뒤, 의욕적으로 영어 공부를 시작하는 것처럼 말이죠.

계기는 페스티벌이었지만 목표는 따로 있었습니다. 바로 외국인들에게 한국 문화를 알리는 크리에이터가 되겠다는 것. 그래서 벨기에에서 돌아온 뷰신 님은 자신의 목표를 위해 직장을 그만두고 크리에이터의 길로 들어서서 지금의 뷰신 크리에이터가 됩니다.

이 이야기만 들으면 조금은 무모해 보이죠? 그런데 유튜브에서 많은 인기를 얻고 있는 '영어의 신'들의 공통점이 바로 엄청난 행동력을 가진 에너자이저들이란 점입니다. 해야겠다고 생각하면 바로 실천하고, 하고 싶다고 생각하면 바로 해버리죠.

뷰신 님의 에너지 역시 타의 추종을 불허해요. 아니, 저는 감히 뷰신 님이 과감함의 1인자라고 생각합니다. 바로 뷰신 님이 유튜브를 통해 영어 공부를 했던 방식 때문입니다. 뷰신 님은 영어 생초보였지만 유튜브를 통해 영어 공부의 목표를 선포합니다. "9개월 안에 뷰티 영상을 유창한 영어로 만들겠다"고 말이죠.

"뭔가 도전하고 싶은 것이 있으면 일단 만천하에 알리는 것부터

나는 이렇게 공부했다

시작해요. 정말 공부하기 싫은 날도, 제가 이미 선언했기 때문에 어쩔 수 없이 약속을 지켜야 하는 절박한 상황을 만드는 것이죠. 영상을 통해 '9개월 영어 프로젝트'를 선언하고, 그날부터 제가 공부한 내용들을 계속 업로드했어요. 사실 영어 말고도 '66일 스쿼트 챌린지'도 그렇게 성공했고, 심지어 뷰티 콘텐츠를 시작했을 때 화장도 잘 못했어요. 하지만 오히려 이 점을 강조해 '저도 잘 못하지만 같이 배워나가면서 해봐요'라고 말해버렸어요!"

제가 뷰신 님을 '영공공'으로 선택한 이유는 바로 그 자신감과 도전정신 때문입니다. 9개월 안에 영어로 자신만의 콘텐츠를 만들겠다고 선언한 무모함, 조금은 미숙하지만 자신이 공부하는 모습을 기록하고 공유하는 성실함, 그리고 100퍼센트 완벽하지는 않지만 결국 목표한 대로 자신만의 콘텐츠를 영어로 만든 뚝심은 모두 자신감에서 나온 것입니다.

제가 학생들을 가르칠 때 늘 하는 말이 있습니다. "영어를 잘하려면 50퍼센트의 실력과 50퍼센트의 자신감이 필요하다"고요. 바로 그 50퍼센트가 뷰신 님에게 있었습니다.

기초부터 천천히 다져라

본격적인 영어 공부를 시작하기 전에 뷰신 님은 자신의 생각을 겨우 단어 몇 개로 더듬더듬 표현하는 수준이었습니다. 하지만 지금은 10분이 넘는 긴 영상의 스크립트를 직접 쓰고 말하는 것은 기본입니다. 게다가 원어민이 봐도 어색한 문장을 찾아볼 수 없을 정도로 표현도 수준급이에요.

최근 영상 속의 뷰신 님은 그저 놀라울 따름이에요. 단어 하나하나의 발음만 놓고 보면 완벽하지는 않지만, 전체 문장의 흐름이나 억양은 자연스럽고 자신감이 넘쳐요. 영어를 제대로 한 지 9개월밖에 안 된 사람이라는 것이 도저히 믿기지 않을 정도입니다.

영어 왕초보가 9개월 만에 영어로 10분 이상 막힘없이 얘기할 정도로 실력이 느는 것이 과연 가능한 걸까요?

"처음 시작할 때는 학교에서 배운 정도의 지식이 전부였어요. 다행히 '나는 정말 영어는 하나도 몰라!' 하는 정도는 아니었던 것 같아요. 제가 처음에 도움을 받은 건 인터넷 강의였습니다. 지식이 전혀 없지는 않았지만, 영어에 대한 기본적인 틀부터 다져야 한다고 생각했거든요. '초급'부터 들었는데, 교재만 보고는 '이거

뭐야, 다 아는 거잖아?' 하고 자신만만해했죠. 그런데 머리로 아는 지식과 입 밖으로 나오는 말에는 어마어마한 차이가 있더라고요. 처음 서너 달은 머릿속에 흩어져 있던 어설픈 영어 지식들을 모아서 활용할 수 있는 기반을 다졌어요."

뷰신 님의 경우 인터넷 강의를 통해 기본기를 다지고 시작한 케이스입니다. 요즘은 영화나 미드로 공부하는 것이 마치 영어 독학의 지름길처럼 여겨지고 있지만 아주 초보들에게는 미드의 스크립트보다 탄탄한 기초 교재가 더 필요할 때도 있습니다. 자신에게 그 방식의 영어 공부가 필요하다고 생각되면 주변의 권유나 유행에 휘둘리지 말고 자신에게 맞는 방법을 묵묵히 해나가는 과감함이 필요합니다.

매일 영어 일기를 써라!

기초 다지기와 함께 뷰신 님이 가장 공을 들인 것은 다름 아닌 매일 영어로 음성 일기를 쓰는 것이었습니다. 우선 그날 공부한 문장 중에 꼭 기억해야 하는 것들을 골라 30분 동안 계속해서 원어민이 말하는 소리를 듣고 따라 말하는 연습을 반복했다고 해요. 그런 다음 어느 정도 문장이 입에 붙고, 원어민스럽게 말할 수 있게 되면 이것을 녹음했습니다. 하루에 하나씩 녹음 파일을 만들다 보면 자신의 발음이나 유창함이 얼마나 느는지 피부로 직접 느낄 수 있어서 회화 공부에 많이 도움이 됐다고 합니다.

유튜브를 통해 '자신의 목표를 널리 알리고' 매일 영어 음성 일기를 기록한 뷰신 님은 여기에 덧붙여 매일 글로 영어 일기까지 썼습니다. 처음에는 단 세 단어로 시작해 매일 한 단어씩 늘려가면서 자신의 생각과 감정을 영어로 쓰는 훈련을 했습니다. 라이팅(writing)을 병행하면 회화 실력이 더 단단해집니다. 말로 할 때는 놓치고 있던 시제나 관사 등에 대해 다시 한번 점검할 수 있고, 문장의 완성도도 한 번 더 끌어올릴 수 있거든요. 뷰신 님이 자기 콘텐츠의 스크립트를 영어로 술술 쓸 수 있었던 비결이 바로 여기 숨어 있었습니다.

"제가 가장 좋아하는 영상 중에 하나가 브레네 브라운(Brené Brown)의 테드 강연이에요. '수치심에 귀 기울이기'라는 제목인데, 아주 유명한 강연이죠. 강연에서 그녀는 이렇게 말해요. "Vulnerability is the birthplace of creativity, innovation and change(창의성과 혁신, 그리고 변화는 취약점으로부터 발생한다)."고 말이죠. 이 말에 전적으로 동의해요."

나는 이렇게 공부했다

자신의 어설픈 영어를 유튜브에 공개하고, 변해가는 과정 역시 빼곡히 기록한 뷰신 님은 이제 자신의 생각과 의견을 막힘없이 영어로 말할 수 있을 정도로 성장했습니다. 그 밑바닥에는 '할 수 있다'는 자신감과 목표를 향해가는 여러 가지 노력들이 있었습니다. 여러분도 뷰신 님의 성장 과정을 보며, 잃었던 용기를 다시 되찾길 바랍니다.

대한민국 최고 통역사는 국내파였다

- 김태훈 -

확실한 동기 하나로 끝까지 간다

김태훈 님은 제가 만난 '영공공' 중에도 가히 '끝판왕'이라 부를 만한 이력의 소유자입니다.

김태훈 님의 직업은 국제회의통역사입니다. '단 한 번의 해외 경험 없이' 최상급 실력을 쌓은 실력파죠. 유학은 물론이고 어학연수 한 번 가지 않고 통역사라는 직업을 가질 정도로 유창한 영어 실력을 갖췄습니다. 한국외국어대학교 초빙교수로 재직하며, 통역사 지망생을 가르치기도 하고, 최근에는 '브리지 TV(Bridge TV)'라는 유튜브 채널을 운영하는 유튜버로도 활약하고 있습니다.

저는 독학으로 영어를 마스터한 분들을 만나면 꼭 물어보는 것이 있습니다. 바로 영어를 시작하게 된 계기예요. 뻔한 질문이긴 하지만 굳이 동기를 묻는 이유는 단 하나, 오랫동안 꾸준히 영어를 공부하게 만드는 그 힘이 어디서 나오는지 궁금하기 때문이에요. 강력한 동기 만큼 확실한 공부 방법은 없기 때문이죠. 해외 경험 한 번 없이 국내에서 손꼽히는 통역사가 되고, 수많은 통역사 지망생을 가르치는 김 태훈 님을 만났을 때는 당연히 그 동기가 가장 궁금했습니다. 무엇이 그를 영어에 '미치게' 했을까.

"'영어를 하면 내가 멋있어 보일 것 같아서' 시작했어요. 어릴 때 는 이런 마음이 치기 어리고 조금은 미숙해 보일 수 있지만 결국 그 욕심이 저를 계속 이렇게 이끌어온 것 같습니다. 아무리 좋아 하더라도 외국어 공부가 쉽지만은 않기 때문에 정말 너무 힘들 때 도 많았어요. 특히나 통역사 공부는 단순히 회화를 잘하는 것 이 상으로 치열하게 공부해야 했기 때문에 더더욱 큰 동기가 필요했 죠. 그때마다 영어를 잘하는 나를 상상하면서 셀프 이미지 트레이 닝을 한 것 같아요. 대단한 목표는 아니지만, 그게 저한테는 큰 동 력이 됐습니다. 살다 보면 맹목적으로 끌리는 것들이 있는데, 영 어가 제게는 그랬던 것 같아요."

김태훈 님은 앞서 소개한 다른 '영공공'처럼 특별한 목적을 위해 영어를 공부했다기보다는 영어 자체가 좋고, 잘하고 싶어서 꾸준히 공부한 케이스입니다. 그에게 '영어'는 일종의 '멋'이었고, 잘하고 싶은 것 중 하나였다고 해요. 주변에 영어를 하는 사람이 한 명도 없는데다 학교에서도 따로 가르쳐주지 않았기 때문에 '영어를 잘하면 멋있어 보일 것'이라는 단순한 생각으로 영어 공부를 시작하게 됩니다. 실제로 영어를 유창하게 하는 자신의 모습을 떠올리면서 동기부여를 하는 학생들이 더러 있는데, 비슷한 경우가 아닐까 싶어요.

가장 쉽지만 가장 따라하기 힘든 것, 열정

김태훈 님은 처음 영어 공부를 시작하면서 좋아하는 디즈니 영화를 비디오테이프가 늘어질 때까지 봤습니다. 또 영어 단어와 그림이 함께 그려진 카드로 게임을 하면서 단어를 익히기도 했습니다. 순수하게 영어를 잘하고 싶다는 열망을 품고 자신이 좋아하는 영화와 흥미로운 카드게임으로 영어의 기초를 다진 것입니다.

그런 태훈 님에게도 위기는 있었습니다. 바로 '통역사가 되어야겠다'는 꿈을 갖게 된 것입니다. 통역사는 전문직입니다. 통역사가 되기 위해 특별한 자격증이 있는 것은 아니지만 일반적으로 국제무대에서 활동하는 통역사의 경우 통번역대학원 과정을 이수하거나 대학에서 해당 언어를 전공하고 관련 나라에서 몇 년간 체류하며 경험을 쌓아야 합니다. 그 때문에 일상적인 대화를 목표로 하는 것과는 확연히 다른 공부 방식이 필요했죠.

호기심과 흥미가 영어의 기초를 다지는 큰 동력이 됐다면 보다 전문적인 수준으로 영어 실력을 끌어올려준 것은 다름 아닌 '열정'이었습니다.

"처음에는 영어를 놀면서 했다면, 통역사가 되기로 결심한 뒤에는 양적으로 쏟아붓는 시기였습니다. 하루 종일 영어만 보고 들었죠. 중·고등학교 시절에는 저도 다른 친구들처럼 시험 위주의 공부를 했고, 단어장 한 권이 너덜너덜해질 때까지 봤어요. 그렇게 목표한 한국외국어대학교 영어학과에 들어갔는데 통번역대학원에 들어가기 위해서는 이전의 공부와는 차원이 다른 공부를 해야 했어요. 세상에 나보다 영어를 잘하는 사람들이 정말 많다는 걸 깨닫고 좌절하기도 했습니다. 그때는 '영어를 더 잘하고 싶다'는 열망 하나로 버텼던 것 같아요."

태훈 님처럼 어릴 때부터 영어에 대한 관심과 목표를 갖고 20년 가까이 꾸준히 공부를 하면 대부분의 사람들이 영어를 잘할 수 있습니다. 여기서 제가 주목한 건 20년 동안 한 번도 쉴 틈 없이 공부할 수 있었던 동력입니다.

영어가 모국어인 사람도 몇 년만 영어를 쓰지 않으면 자신의 언어를 잊어버린다고 합니다. 하물며 외국인이, 일정 수준에 도달할 때까지의 노력은 물론이고 이후 실력을 유지하기 위해 계속 공부를 지속한다는 건 쉬운 일이 아니죠. 어떤 목표를 세웠다면 내 안에 숨은 승부욕을 한 번 불태워보는 것도 좋은 공부 방법이라는 생각이 들었습니다.

영어 실력은 '해킹'할 수 없다

저도 제 유튜브 채널에서 '6개월 안에 원어민처럼 말하는 비법' 같은 콘텐츠를 다룬 적이 있습니다. 하지만 이는 영어를 시작하는 사람들에게 용기를 주고 동기를 부여하는 역할을 해줄 뿐, 그 자체로 완벽한 솔루션이 되지는 못합니다. 요즘 사람들은 뭐든 결과가 빨리 눈앞에 나타나길 바라죠. 하지만 과정은 쉽게 얻어지지 않습니다(hacking).

태훈 님은 영어 공부를 시작할 때 '비현실적인 목표를 세우지 말라'고 조언합니다. 중간 과정은 생략한 채 비약적인 성장만 이루는 것은 애초에 불가능하기 때문입니다.

"제가 최근에 읽은 책 중에 라이언 홀리데이(Ryan Holiday)가 쓴 《에고라는 적(EGO is the ENEMY)》이 있습니다. 그 책에 'An education can't be hacked; there are no shortcuts besides hacking it every single day.'라는 문장이 나옵니다. '교육에는 지름길이 없다'는 뜻이에요. 영어를 몇 달 안에 끝내야겠다가 아니라 매일, 조금씩 자신이 정한 페이스에 따라 꾸준히 하는 것이 비결이라고 생각해요. 물론 지루해지기 쉽죠. 그렇기 때문에 각자 '펀(Fun)'한 요소를 찾아야 해요. 저한테는 그게 디즈니 영화와 카드게임, 친구들과 어울리는 시간이었어요. 목표도, 열정도 모두 똑같을 수는 없습니다. 자신에게 필요한 만큼 현실적인 목표를 잡고 그에 맞는 방법을 찾아야 해요. 만약 통역사가 목표가 아니라면 저는 그분에게 '저처럼 공부하지 마세요'라고 말할 거예요."

누군가는 단기간에 비현실적인 성과를 이루는 것이 가능할 수도 있겠지만 그것을 바라고 공부를 시작하는 건 요행을 바라는 것과 마찬가지입니다. 태훈 님의 이야기도 마찬가지예요. 수많은 해외파가 있음에도 국내에서만 공부한 태훈 님이 국제무대를 배경으로 통역을 하고, 통역사들을 양성하는 일을 하기까지 나름의 노력이 필요했습니다. 눈에는 보이지 않는 시간과 열정, 절실함까지도 한 번쯤 되새겨 보시길 바랍니다.

영국인들에게 영국 사투리 가르치는
토종 한국인
- KoreanBilly -

현지인이 된 것처럼 영어로 연기하라

코리언빌리 님은 제가 유튜브를 시작하기 전에 이미 페이스북을 통해 알고 있던 유명 인사입니다. BBC방송에까지 출연할 정도로 유명했는데 토종 한국인임에도 완벽한 영국식 영어를 구사하는 것은 물론, 영국인들에게 맨체스터, 뉴캐슬, 리버풀 등 영국 각 지방의 사투리를 가르쳐줄 정도였습니다. 심지어 현지인들조차 미처 몰랐던 사투리의 특징까지 집어내니 영국에서는 꽤 화제가 됐지요. 지금은 유튜브에서 영국식 영어와 문화, 사투리 등 영국 영어와 관련된 거의 모든 콘텐츠를 다루는 '코리언빌리' 채널을 운영하고 있습니다.

코리언빌리 님은 영어를 잘하기 위해서는 영어에 집중하는 물리적인 시간이 절대적으로 필요하다고 말합니다. 그는 대학 입시를 위해 월요일부터 토요일까지 매일 여섯 시간 이상, 1년 넘게 영어 공부에 매진했다고 해요. '시간을 들이면 실력은 는다'는 아주 평범한 진리를 실천한 것이죠. 그때 유용하게 활용한 방법이 바로 '연기하기' 입니다.

"발음 연습을 할 때는 제가 마치 진짜 영국 사람이 된 것처럼 자아도취에 빠져서 연기를 했어요. '난 영국 사람이고, 지금 영어로 연극을 해야 한다. 영국 사람은 대본을 어떻게 읽을까?' 하면서 마치 대사를 연습하듯 계속 이미지 트레이닝을 했습니다. 공부하듯이 영어를 하면 로봇처럼 외우는 데만 집중하게 되는 반면, 연기하듯 말하기 연습을 하면 억양이나 톤, 표정과 제스처까지 따라하게 되더라고요. 드라마나 영화에서 배우고 싶은 표현이 있다면 배우의 표정과 말투까지 흉내 내는 거예요. 리허설처럼 연습했더니 실제 영국인들을 만났을 때 부담감이 훨씬 덜했습니다."

코리언빌리 님은 조기 유학생도, 교포도 아닌 평범한 부산 청년입니다. 스물다섯 살에 교환학생으로 6개월간 영국에 갔던 것을 제외하면 그전에는 한 번도 외국에 가본 적이 없다고 해요. 초등학생 시절에 영화로 〈해리 포터〉 시리즈를 접하고 처음으로 영어에 관심을 가지게 되었습니다. 스토리 자체도 재미있었지만 영화에 등장하는 배우들의 영국식 발음에 매료되었던 것이죠. 그래서 그때부터 영국과 관련된 영화, 드라마, 음악을 찾기 시작했습니다. 영어도 당연히 '영국식 영어'를 공부했죠.

잘하고 싶은 언어로 주변을 채워라

영국식 영어는 발음과 악센트는 물론, 표현 하나까지 미국식 영어와 많이 다릅니다. 한국 사람들이 주로 사용하는 영어는 미국식 영어예요. 제게도 영국식 영어는 거의 외국어처럼 들릴 정도로 생소합니다. 영국식 영어를 접할 길이 없는 토종 한국인이 지역 사투리까지 완벽하게 구분해서 영국 영어를 구사한다는 것은 실로 엄청난 노력과 집요함 없이는 불가능에 가까운 일입니다.

"제가 순수하게 영어에만 몰입해서 공부했던 시절이 고등학교 2, 3학년 때였어요. 2학년이 되니 친구들이 본격적으로 수능 공부를 하기 시작했는데, 어떻게 대학에 갈까 하다가 '영어 특기자' 전형이 있다는 것을 알고 영어에만 올인했습니다. 그때는 여섯 시간 넘게 매일 영어 공부만 했어요. 게다가 군이 '영국식 영어'를 공부한다고 하니 다들 '왜?'라는 반응이었죠. 친구들 사이에서는 속된 말로 '좀 나대는' 친구로 낙인찍히기도 했어요. 그런데 남들이 뭐라고 하든 신경 안 쓰고 묵묵히 계속 공부했습니다. 영국인처럼 말하는 게 그냥 재미있었고, 좋았거든요."

한국에 거주하는 토종 한국인으로서 영국식 영어에 익숙해지기 위해 기울인 수많은 노력들은 정말 눈물겨울 정도입니다. 사소하게는 컴퓨터와 스마트폰의 언어 설정까지 모두 '영국식 영어'(미국식 영어와 영국식 영어로 구분해서 설정할 수 있어요!)로 바꾸고, 워드 프로그램 등을 사용할 때는 맞춤법을 영국식 영어에 맞췄다고 합니다. 그것 자체가 영어 실력 향상에 결정적 역할을 하지는 않았지만, 그래도 최대한 '영국스러운' 환경을 만들기 위해 나름의 노력을 기울인 것이죠. 실제로 영국식 영어에 대한 벽을 허무는 데 조금이나마 도움이 됐다고 합니다.

코리언빌리 님이 또 하나 강조한 것은 '올바른 목표를 세우는 것'입니다. 많은 분들이 "새해부터는 영어 공부를 열심히 해야지!", "방학

두 달 동안 교재 한 권을 끝내야지!"하고 목표를 세웁니다. 하지만 영어 공부 자체가 목표가 되면 금세 지치기 마련입니다. 코리언빌리 님은 영어를 통해 이루고 싶은 다른 목표들을 세우면 덜 흔들리고, 덜 지치게 영어 공부를 할 수 있다고 조언합니다.

"아주 사소한 목표도 상관없습니다. 영어로 짧은 에세이를 한 편 쓰고 싶다'거나 아니면 '이태원에 가서 원어민과 짧은 대화를 편하게 나누고 싶다'도 좋아요. 각자의 스토리는 자기 자신이 가장 잘 알고 있으니까 그에 따라 스스로 가장 즐거워할 수 있고 몰입할 수 있는 목표를 찾는 것이 필요해요. 영어 공부를 하는 대부분의 사람들이 여러 번 실패해봤을 거예요. 그런데 그 대부분의 이유가 영어를 일차적인 목표로 잡았기 때문이라고 생각합니다. 사실 '영어'라는 목표는 너무 광범위하잖아요. 대신 영어로 할 수 있는 작은 일들, 자신이 좋아하는 것들을 목표로 삼는다면 훨씬 즐겁게 성취감을 느끼며 공부할 수 있을 거예요."

'레코딩'으로 영어 공부에 엔진을 달아라

게임을 하다 보면 어느 순간 레벨이 오르고, 절대 가질 수 없을 것만 같았던 아이템을 '득템'할 수 있습니다. 그런 사소한 보상들이 결국 게임을 계속하게 만드는 것처럼 영어도 마찬가지입니다. 눈앞의 실체적인 보상이 따라야 도중에 동기를 잃어버려도 제자리로 돌아올 수 있어요. 무작정 앞만 보고 달려가는 것이 아니라 '영어를 배워서 이렇게 쓸 수도 있구나' 하는 기쁨의 순간들을 스스로에게 만들어주는 것이죠.

코리언빌리 님이 주로 사용했던 방법은 '레코딩'입니다. 매일 자신이 공부한 것을 녹음해두고 실력이 점차 느는 것을 느끼면서 성취감을 쌓는 것이죠. 물론 우리가 성장하는 과정이 매일매일 눈에 보이지는 않습니다. 실력은 가랑비에 옷이 젖듯 아주 조금씩 쌓여가죠. 코리언빌리 님은 매일 레코딩을 했지만, '매일'이 힘들다면 그냥 주기적으로 자신이 영어로 말하는 것을 음성으로 녹음하고, 비디오로 찍어보는 것도 좋아요.

"제가 지금도 가장 신경 쓰는 것 중 하나가 발음입니다. 조금만 방심하거나 문장이 길어지면 저도 모르게 발음이 무너지거든요. 영국식 영어 발음을 다루는 교재도 열심히 보고, 영화나 드라마를 보면서 그들이 말하는 것을 수도 없이 듣고 따라하는 것 말고 특별한 비법은 없어요. 영국에 처음 갔을 때 충격을 받았어요. 그렇게 오랫동안 영국식 영어만 집중해서 공부했는데도 영국인들의 말이 처음에는 잘 안 들리더라고요. 그들이 실생활에서 쓰는 영어와 제가 배운 것도 차이가 있었고요. 그래서 며칠은 "Sorry?"만 남발했어요. 그동안 공부한 것이 헛수고였구나 하는 자괴감도 들었지만, 더 오기가 생기더라고요. 그러다 차츰 적응하고 긴장이 조금씩 풀리니까 제가 아는 말들이 들리기 시작했어요. 그 쾌감을 잊지 못해서 영어 공부가 더 즐거워졌어요."

보상도 없이 전력질주만 하면 그 누구도 성공할 수 없습니다. 아주 작은 성취감들이 모여 결국 큰 용기를 만들어내는 것처럼, 고된 '영어 정복'의 길에도 아주 사적인 기쁨의 순간들이 필요해요.

코리언빌리 님은 그 과정들을 잘 설계한 케이스입니다. 코리언빌리 님은 영국인처럼 연기하면서 영어로 말하는 재미를 느끼고, 레코딩을 통해 자신의 성장 과정을 스스로 확인하며, 또 오랜 준비 끝에 영국에 가서 그들과 직접 대화하고 소통하려는 노력까지 기울였어요. 영어를 통해 차근차근 작은 기쁨들을 쌓았던 것이 결국 평범했던 부산 청년을 영국인들에게 영국 사투리를 가르치는 실력자로 만들어 주었습니다.

▶

집 나간 '동기' 찾는 데 특효!
이 사람이 영어를 이렇게 잘했어?

날라리데이브 채널에서 구독자들의 큰 호응을 얻은 콘텐츠 중 하나가 바로 '영실파(영어 실력 파헤치기)'입니다. 연예인들이 영어로 말하는 영상을 보고 그들의 실제 영어 실력을 파헤치는 콘텐츠예요. 이 콘텐츠를 통해 '영어 좀 한다'는 연예인들은 한 번쯤 다 다뤄봤던 것 같아요.

그중에서 문장 구사력과 어휘 수준, 애티튜드 등을 고려해 제 마음대로 '영실파 TOP7'을 뽑아보았습니다! 아무리 공부를 해도 제자리걸음인 것 같아 포기하고 싶을 때, 이분들의 영상을 찾아보세요. 바닥까지 떨어진 동기가 다시 꿈틀대고 올라올 테니까요.

BTS RM

RM은 영어 실력이나 멘탈 면에서 뭐 하나 빠지지 않는 경우입니다. 거의 100퍼센트 원어민에 가까운 세련된 어휘 구사력과 표현도 일품이지만, 나날이 발전하는 영어 발음은 놀라울 정도예요. 스무 살 이후 영어를 배우면 원어민 같은 발음은 포기해야 한다고 생각하세요? RM의 영어 실력 변천사를 꼭 확인하고 목표를 새롭게 세우시길 권합니다.

김종국

김종국 씨는 연예계의 숨은 영어 실력자입니다. 원어민의 즉흥적인 질문에도 당황하지 않고 자신의 의견을 말합니다. 한국인들이 쉽게 알아차리기 힘든 원어민 특유의 연음 발음도 자유자재로 구사하죠.

터보 시절에는 영어를 아예 못하다가 이후에 공부하고 지금의 실력을 쌓았다고 합니다. 김종국 씨 하면 매일 꾸준히 운동하는 이미지가 강한데, 그런 성실함이 영어 공부에도 어느 정도 반영되지 않았을까 싶습니다. 꾸준히, 성실하고 자신감 있게 하루하루 매진하다 보면 어느 순간 된다는 확신을 주는 분입니다.

강동원

강동원 씨는 할리우드 진출을 목표로 무려 10년 동안 영어 공부를 한 케이스입니다. 단순히 외국인 친구와 대화를 하기 위한 영어가 아니기 때문에 더 공들여서, 집중적으로 공부했다고 하죠. 과외 선생님을 두고 두 시간씩 공부하는 날에는 뇌가 타들어가는 느낌이 들 정도로 몰입했다고 합니다. 그 결과 지금은 영어로 자유롭게 의사 표현을 할 수 있는 수준에 이르렀습니다.

강동원 씨가 영어로 말하는 모습을 보면 원어민처럼 완벽하고 유창하지는 않습니다. 종종 단어가 생각나지 않는지 상대에게 물어보기도 하죠. 그런데 전혀 주눅들거나 긴장하는 모습을 찾아볼 수 없어요. 그 와중에 재치를 발휘해 영어로 웃음을 유발하기도 하죠. 기본적으로 언어에 대한 감각이 뛰어난 면도 보이고, 무엇보다 '틀리면 안 된다'는 강박이 보이지 않아서 참 좋았습니다. 외국인 앞에서 영어로 말하는 게 두렵고 긴장되는 사람이라면 강동원 씨의 영상을 꼭 한 번 확인해 보세요.

에이핑크 손나은

손나은 씨도 RM처럼 실력이 눈에 띄게 향상된 케이스입니다. 3년 전 한 음악방송에서 영어로 말하는 모습을 보면 경직되어 있어요. 하지만 최근 영어 인터뷰를 찾아보면 3년 전과 달리 훨씬 자연스럽게 말하는 모습을 확인할 수 있죠.

손나은 씨의 경우 유치원 때부터 영어를 조금씩 공부했다고 해요. 그래서 발음도 비교적 수준급입니다. 어렸을 때부터 자연스럽게 영어에 노출된 장점을 잘 보여주는 케이스입니다.

박진영

박진영 씨도 수준급 영어 실력을 자랑하는 연예인 중 한 명입니다. 박진영 씨는 일곱 살 때 미국에 가서 2년 반 정도 거주한 경험이 있다고 해요. 누군가는 언어 습득 능력이 좋을 때 미국 생활을 했으니 영어를 잘하는 건 당연한 것 아니냐고 하실 수도 있지만, 제가 누누이 말했듯 미국에 5년 이상, 아니 10년 가까이 거주한 교포들 중에도 영어를 못하는 사람들이 의외로 많습니다. 하물며 어릴 때 2년 남짓 거주한 경험이 전부인 사람이 완벽한 영어를 구사하는 거라면 그건 철저히 개인의 열정과 노력의 결과라고 볼 수 있어요.

박진영 씨가 영어로 말하는 모습을 보면 준비해서 내뱉는 영어가 아니라 영어 자체가 몸에 배어서 아주 유연하고 자연스럽게 나오는 표현들이 많습니다. 열정과 노력만 있다면 원어민처럼 영어를 하는 것이 가능하다는 것을 몸소 보여주는 케이스라고 할 수 있습니다.

이병헌

순수 노력파라고 하면 이분도 빼놓을 수 없죠. 바로 이병헌 씨입니다. 이병헌 씨는 해외 진출을 준비하면서 꾸준히 영어를 공부한 케이스인데요. 그래서인지 일단 발음이 정말 예술입니다. 단순히 의사소통을 위한 영어가 아니라 영화 속에서 대사를 전달해야 했으니 얼마나 피나는 노력을 했을지는 어렵지 않게 짐작할 수 있죠. 실제로 그는 발음 교정 코치와 늘 동행하면서 100퍼센트 원어민 발음과 억양을 익혔다고 합니다.

흔히 다 큰 성인이 영어를 배우면 다른 건 몰라도 발음만큼은 원어민을 쫓아갈 수 없다고 하잖아요. 하지만 이병헌 씨의 케이스를 보면 그렇지 않다는 걸 알 수 있어요. 언어 구조가 완벽하게 자리 잡은 성인도 노력한다면 충분히 원어민의 발음을 따라갈 수 있습니다.

김영철

모두가 알아보는 연예인임에도 불구하고 학원에 다니면서까지 영어 공부를 열심히 한 김영철 씨는 지금은 누구나 인정하는 영어 실력자가 되었습니다. 그가 영어를 시작하게 된 건 개그맨으로서 큰 슬럼프를 겪을 때였다고 해요. 30대라는 다소 늦은 나이에 시작했지만, 지금은 강사와 저자, 번역자라는 타이틀까지 가지게 됐죠.

김영철 씨의 영어 실력에 관해 의문을 가지시는 분들도 있지만 전 김영철 씨의 영어는 인정받아 마땅하다고 생각합니다. 무엇보다 원어민 앞에서도 주눅들지 않고 자기만의 스타일로 말하는 그 당당함은 박수쳐주고 싶어요. '내가 잘할 수 있을까?', '내 영어가 우스꽝스럽게 들리지는 않을까?' 하는 걱정이 가득한 분들은 김영철 씨의 영어 마인드를 꼭 되새기길 바랍니다.

부록

Q. 영어 공부 할 때 가장 불필요한 건 무엇일까요?

수많은 영어 공부법 중에 가장 '비추'하는 건 바로 문법 교재만 잡고 늘어지는 공부법입니다. 영어에 대한 모든 체계와 원리를 완벽하게 이해하고 싶은 마음은 이해하지만, 쏟는 정성에 비해 실제 회화 실력에 미치는 영향은 너무나 미미하거든요. 문법은 아주 기본적인 것들, 이를테면 명사와 동사, 형용사 등의 품사가 어떤 역할을 하는지, 그리고 기본적인 동사들이 언제 사용되는지만 파악해도 충분합니다.

참고로 문법을 공부할 때도 저는 원서로 보는 것을 추천합니다. 한국말 교재를 보면 '명사'니 '동사'니 하는 말 자체가 가진 한국식 의미에 갇힐 수가 있기 때문에 아예 영문으로 된 교재를 보는 게 낫습니다.

Q. 원서 읽기는 회화 실력 향상에 도움이 될까요?

영어 공부의 목적에 따라 다를 것 같아요. 일단 다양한 표현을 익히는 데는 당연히 도움이 됩니다. 비교적 잘 정돈된 문법이나 어휘, 표현 등을 접할 수 있으니까요. 그리고 영어를 처음 공부하시는 분들이라면 사실 영어로 된 어떤 콘텐츠를 접하더라도 배우는 게 있을 거예요. 영어 자체에 익숙해지는 데 도움이 되니까요.

반면 회화 실력을 키우는 데는 한계가 있어요. 원서를 눈으로만 읽고, 머릿속으로만 이해한다면 회화에는 무용지물이라는 거죠. 원서 읽기를 좋아하신다면 저는 스피킹을 메인으로 하고, 원서 읽기는 병행하는 것을 추천합니다. 실제로 제 주변의 고학력자들 중에는 영어로 논문을 쓰면서도 말은 안 되는 경우가 제법 많아요. 어휘나 표현은 정말 많이 아는데 정작 외국인하고 말할 때는 사용하지 못하는 거죠. 또한 픽션에는 우리가 평소 쓰지 않는 은유적인 표현이나 예술적 표현들이 많이 나오기 때문에 그 자체를 일상 회화로 연결해서 사용하는 데는 무리가 있어요.

Q. 스터디를 하는 것이 도움이 될까요?

비슷한 목표를 가지고 열심히 공부하는 사람들끼리 모이는 것은 동기부여에 큰 도움이 됩니다. 서로 몰랐던 영어에 대한 지식을 공유할 수도 있고, 내 영어 실력에 대한 피드백도 받을 수 있으니까요. 하지만 여기에도 장단점은 있습니다.

일단 스터디 그룹을 이끌 만한 리더가 반드시 있어야 해요. 영어 실력이 일정 수준 이상 되는 사람을 기점으로 체계적으로 운영해야 오래 지속할 수 있어요. 전부 초보자들만 모여서 공부하면 실력을 향상시키는 데 시간이 너무 오래 걸립니다. 또 그룹원이 너무 많아도 지식을 전달하는 데 한계가 있어요. 리더 한 명이 한정된 시간 안에 모든 사람들을 다 세심하게 챙기기 어렵기 때문이죠.

개인적으로 추천하는 규모는 리더를 포함해 3~4명 정도예요. 그런 다음 리더가 중심이 되어서 각자의 영어 실력을 파악하고 어떤 단계부터 시작하면 되는지 체계적으로 커리큘럼을 짜는 것을 권장합니다.

Q. 정확한 내 실력을 어떻게 파악하면 좋을까요?

조금 난해한 말일 수도 있지만, 내 실력이 늘고 있다는 '느낌'이 있어요. 아주 짧은 일상의 말들도 선뜻 입에서 안 나오는 초보들이라면 일단 실력을 가늠하기 전에 영어에 대한 기초 근력 쌓기에만 집중하세요. 그러다 보면 어떤 말이나 표현을 효율적으로 툭 뱉게 되는 순간이 옵니다. 평소에 단어나 표현들을 막 수집하면서 무조건 말하는 연습을 하다 보면 나도 모르게 툭 입에서 나오는 거죠. 그 순간 스스로 '어? 내가 이 말을 할 수 있게 됐네?'라고 느끼게 돼요. 그렇게 '이 표현을 내가 썼네?' 하는 순간들이 점점 많아지고 잦아지면 그때가 바로 실력이 쌓이는 단계인 겁니다.

Q. 한 달 정도 계속 유튜브를 봤는데 실력이 안 느는 것 같아요. 왜일까요?

일단 한 달은 짧습니다. 저희 할아버지가 공부를 아주 잘하셨는데 저한테 하셨던 말씀이 있어요. '공부는 계단식'이라고요. 평평한 면을 걷다가 어느 순간 훌쩍 실력이 향상되고, 또 한참 제자리인 것 같다가 어느 날 갑자기 수준이 점프하죠.

저는 최소한 세 달은 봐야 내 입 밖으로 뭔가 말이 나온다고 생각해요. 물론 제가 이 책에서 말한 방법을 따라 아주 열심히 한다는 전제 하에서요. 이렇게 열심히 세 달 동안 했는데도 아무것도 안 느껴진다면 그때는 다른 방식을 고민해보는 것도 필요하다고 생각해요.

Q. 이태원에 가서 처음 만난 외국인한테 말을 걸어봐도 되나요? 실례일까요?

무례한 행동은 아닙니다. 외국 사람들은 한국 사람들보다 모르는 사람과 인사하고 가벼운 대화를 나누는 것에 훨씬 익숙한 사람들이에요. 지나가다가 자연스럽게 "Wow, you looks good(와, 옷 멋진데)."이라고 한마디 툭 던지는 건 전혀 이상하지 않아요. 펍에서 옆 자리에 있는 외국인에게 가벼운 화제를 찾아 말을 거는 것도 가능해요.

외국인에게 말 거는 것 OK, 그러다 운이 좋게 그 외국인이 코드도 맞고 매너도 있는 사람이라면 친해지는 것도 OK! 단, 불편한 상황이 이어질 것 같으면 적당히 현명하게 상황을 정리하라고 조언하고 싶네요.

Q. 외국인처럼 자연스럽고 당당하게 말하고 싶은데 제가 하면 어딘가 어색해요.

원어민 특유의 제스처나 몸짓이 '멋있어' 보이는 건 그 사람한테 그게 너무 자연스러운 것이기 때문이에요. 많은 한국 사람들이 착각하는 것이 '원어민스럽게'를 곧 '원어민과 똑같이'라고 생각하는 거예요. 그 사람들과 똑같은 말투, 표정, 몸짓을 할 필요가 없어요. 결국 의사전달이 목적이기 때문에 내 느낌대로 표현하면 됩니다.

굳이 원어민스러운 분위기를 좀 더 내고 싶다면, 표정을 다양하게 만들어보는 연습을 해볼 것을 추천합니다. 종종 외국인 친구들에게 이런 질문을 받아요. "한국말은 왜 톤이 없어? 액션이 없으니까 너무 밋밋하고 정확한 느낌이 잘 전달되지 않는 것 같아." 한국 사람들은 표정으로 대화하는 경우가 거의 없습니다. 대부분 말로 자신의 상황이나 감정을 표현하죠. 외국인에게 친근감을 주고 싶다면 다양한 표정을 지으면서 말하는 연습을 해보세요. 그럼 영어를 말할 때 훨씬 풍부하고 자연스러워 보일 거예요.

Q. 해외에 가면 외국인하고 어떻게든 대화를 하게 되는데, 이상하게 한국 사람이 옆에 있으면 영어가 잘 안 나와요.

타인의 시선을 의식하지 마세요. 여행지에서 만난 외국인은 어차피 한 번 보고 안 볼 사람이라는 생각에 용기 있게 말이 나오는데, 한국 사람은 왠지 내 영어 실력을 평가하고 판단할 것만 같죠. 그래서 더 입을 닫게 되고요. 신경 쓰지 마세요. 어차피 그 한국 사람도 오며가며 스치는 사람일 테니까요. 정작 당신과 얘기하는 외국인은 당신의 발음이나 문법, 크게 안 따집니다. 오히려 단어만 툭툭 뱉어도 상대가 알아서 문장으로 만들고 되물어줄 거예요. 그럼 잘 듣고 대답만 해도 됩니다. 그러니까 외국인과 말할 때는 주변에 대한 신경을 아예 끄고 앞에 있는 대화 상대만 보시면 됩니다.

Q. 왕초보인데 어설프게나마 슬랭을 쓰는 게 나을까요? 아니면 교과서 영어만 써야 하나요?

슬랭은 친구들처럼 편한 사이에서 부담 없이 주고받는 말이에요. 나에 대해 어느 정도 알고 있는 사람이라면 슬랭을 써도 편견 없이 들어줄 거예요. 슬랭을 쓰기 좋은 단계, 안 좋은 단계란 없으니까요. 하지만 직장에서나 비즈니스 관계라면 지양하는 것이 맞겠죠?

Q. 직장인이에요. 하루 두 시간 공부가 가능할까요?

조금 꼰대스러운 말일 수도 있지만, 개인의 의지에 따라 어느 정도는 가능하다고 봅니다. 물리적으로 절대 시간을 못 내는 경우는 없어요. 출근 준비할 때, 이동할 때, 식사 후에 등 자투리 시간은 생기게 마련이고, 그 시간을 몰입도 있게 사용하면 충분하죠. 영어 공부도 반드시 해야만 하는 이유가 있거나, 정말 간절히 하고 싶다면 얼마든지 해낼 수 있어요. 어차피 출근 준비나 이동은 몸이 알아서 해주니까, 온통 정신은 영어에 집중해서 듣거나 말하면 됩니다.

중요한 건 이걸 얼마나 오래 할 수 있느냐 하는 '지속성'인데, 결국 열정이 있어야 돼요. 그래야 내일도, 모레도 꺼내보고 말할 수 있는 거예요. 이건 제가 아무리 노력해도 드릴 수가 없는 부분입니다. 영어 공부를 하고 싶은 이유와 영어를 잘하는 자신의 모습을 떠올려보면서 꾸준히 에너지를 유지하세요.

Q. 연예인 중 개인적으로 누가 영어를 가장 잘하는 것 같나요?

잘하는 사람은 많지만 가장 본받을만한 사람은 BTS의 RM입니다. 언어적인 소질도 보이고, 실제 영어 실력도 좋지만, 무엇보다 제가 가장 높이 사는 건 멘탈이에요. 엄청난 무대와 대단한 쇼에 나가서도 자연스럽게 말하는 모습 말예요. 이게 단순히 영어를 잘한다고 되는 문제가 아닙니다. 심지어 원어민들도 〈엘런쇼〉 같은 큰 프로그램에 출연하면 버벅대는 사람이 많을 거예요. 단순히 언어적인 장벽을 넘어서 그 이상의 에너지로 무대를 장악해야 하는데, RM은 외국어인 영어로 그 모든 것을 해내고 있으니 정말 대단해 보여요.

Q. 저는 언어에는 소질이 없는 것 같은데 원어민처럼 말하기가 가능할까요?

제가 이 책을 쓴 동기와 목적도 바로 그것입니다. '언어적 소질이 없는 지극히 평범한 사람들도 누구나 영어를 할 수 있다!'는 것을 알려주기 위해서요. 일일이 예를 들기 힘들 정도로 그런 사람들을 이미 많이 봐왔고, 해외 경험 한 번 없이 영어에 통달한 분들을 이 책에 직접 소개하기도 했습니다. 저도 미국에 가서 처음 현지인 영어를 공부할 때는 하루 일곱시간씩 공부했어요. 테이프도 보고, 노트도 하면서요. 그렇게 버티니까 결국 그들의 말이 이해되고, 제 생각을 말할 수 있는 순간이 오더라고요.

남들보다 시간이 조금 더 걸리면 어떤가요? 시합하는 것도 아닌데. 자기 속도대로 꾸준히 앞으로 나아가는 게 중요합니다. 중간중간 자신만이 느낄 수 있는 쾌감과 즐거움을 차곡차곡 쌓아가면서 1년, 2년 해보세요. 남들의 기준은 절대 내 기준이 될 수 없어요. 그냥 하는 겁니다. 그러면 가능해요.

Q. 6개월 동안 나름 열심히 회화를 공부 했고 혼자 있을 때는 영어로 말도 잘 나옵니다. 그런데 외국인 앞에서 결국 한마디도 못했어요. 그동안의 공부는 모두 헛된 것이었을까요?

열심히 공부하신 분들이 첫 번째로 좌절하고 무너지는 구간이 바로 외국인과의 첫 대면이에요. '정말 노력했는데, 어떻게 한 마디도 제대로 못 알아듣고 입도 뻥긋 못할 수 있지?' 하면서 자괴감에 빠지고, 지금까지 해온 공부가 부질없게 느껴지죠.

하지만 그건 지극히 자연스러운 현상입니다. 외국인을 만나자마자 영어가 술술 나오는 사람은 없어요. 이런 고민을 들을 때 저는 주로 수영에 비유해요. 우리가 수영장에서 아무리 수영을 잘해도 막상 바다에 가면 처음에는 수영장에서처럼 잘하지 못합니다. 수영장의 환경과 바다의 환경은 전혀 다르거든요. 바다에는 수영장에는 없는 파도도 있고, 바람도 있어요. 그 환경에 적응하고 바다 수영에 필요한 요령과 스킬을 익히는 시간들이 반드시 필요합니다. 그런 다음에야 비로소 앞으로 나아갈 수 있습니다.

당신의 영어 실력은 결코 제로가 아니에요. 그저 적응이 덜 된 거죠. 처음 시작했을 때와는 달리 놀라운 수준으로 발전해 있는데, 그게 눈으로 보이지 않는 것일 뿐입니다. 그러니 스스로 공부한 것들을 폄하하지 마시고, 언젠가 겪어야 하는 장애물을 만났다는 마음가짐으로 적극적으로 외국인과 소통해보세요. 매일, 조금씩 노력하고 쌓은 실력은 어떻게든 내 안에 남게 됩니다. 의심하지 말고 앞으로 쭉 달려나가세요!

날라리데이브가 추천하는 유튜브 채널 리스트

채널명	주로 다루는 콘텐츠	영어 공부 활용 팁
Abby P	일상	표현
Andrei Terbea	일상/애니메이션	문화, 발음, 재미
Aran TV	일상/영어	문화, 기초회화, 동기부여
BenDeen	일상/먹방	표현
BuzzFeedVideo	다양한 주제	문화, 표현
CaseyNeistat	일상/브이로그	표현
DAILY DOSE OF 날라리DAVE	영어학습	표현, 어휘
Dan Lok	일상/경제	비즈니스, 표현, 발음
David Dobrik	일상(4분 21초)	문화, 재미, 표현
Domics	일상/애니메이션	표현, 재미
DramaAlert	이슈	재미, 트렌트
Drew Lynch	코미디	동기부여
Dude Perfect	스포츠	재미, 문화
FaZe Banks	일상	문화
FaZe Rug	문화	트렌드, 슬랭

fromJUDYJY	일상	표현, 중급회화
h3h3Productions	이슈	고급 표현
HiHo Kids	어린이/주제 토크	문화, 기초 표현
iDubbbzTV	코미디	문화
Jaiden Animations	애니메이션(+한글 자막)	표현
Jake Paul	일상	재미, 트렌드
JennaMarbles	일상/뷰티	표현, 정보
KoreanBilly	일상/영어	영국 문화, 발음, 동기부여
KSI	일상	재미, 문화, 트렌드
Kurzgesagt - In a Nutshell	과학(+한글 자막)	표현, 재미, 지식
Logan Paul Vlogs	일상	문화, 표현
Mark Dohner	일상	문화
Mark Rober	과학	재미, 지식
Michael Elliott	영어학습	표현, 어휘
Minutephysics	과학	재미, 지식
nigahiga	일상	표현

PewDiepie	일상/엔터테인먼트	문화, 트렌드, 슬랭, 밈(meme)
Rachel's English	영어 학습	발음, 문화
RiceGum	일상/이슈	재미, 트렌드
Roman Atwood Vlogs	일상/브이로그	힐링+가족, 재미
SOPHIE BAN	일상/영어학습	문화, 표현, 발음
Stephen Curry	인터뷰/농구	재미
sWooZie	일상/애니메이션	재미, 문화, 슬랭
TED	강연	문화, 표현, 발음
TerryTV	일상/애니메이션	표현, 재미
The Ace Family	일상/브이로그	표현, 재미
TheOdd1sOut	애니메이션(+한글 자막)	표현
TheStrandman	일상(자동차)	표현
Veritasium	과학	재미, 지식
Vsauce	과학	재미, 지식
Will Smith	일상	문화, 재미, 흥미
공부의 신 강성태	영어학습	어휘, 동기부여

날라리데이브	일상/영어	재미, 표현, 문화
디바제시카DeevaJessica	엔터테인먼트/영어	재미, 기초 회화
라이브 아카데미	영어학습	표현, 발음, 문화
올리버쌤	일상/영어	문화, 표현
이근철TV	영어학습	어휘, 문법, 기초 회화

나는 유튜브로 영어를 배웠다

초판 1쇄 발행 2019년 6월 26일
초판 7쇄 발행 2024년 2월 1일

지은이 김영기
펴낸이 최지연
마케팅 김나영, 김경민, 윤여준
경영지원 이선
디자인 [★]규
교정 윤정숙
정리 김은향

펴낸곳 라곰
출판등록 2018년 7월 11일 제2018-000068호
주소 서울시 마포구 큰우물로75 성지빌딩 1406호
전화 02-6949-6014 **팩스** 02-6919-9058
이메일 book@lagombook.co.kr

ⓒ 김영기, 2019

ISBN 979-11-89686-07-9 03320

이 책은 저작권법에 따라 보호를 받는 저작물이므로 무단 전재와 무단 복제를 금지하며, 이 책의 전부 또는 일부를 이용하려면 반드시 저작권자와 (주)타인의취향의 서면 동의를 받아야 합니다.

• 라곰은 (주)타인의취향의 출판브랜드입니다.
• 책값은 뒤표지에 있습니다.
• 잘못된 책은 구입하신 곳에서 바꾸어 드립니다.